Impressum
Verlag: BABADADA GmbH, Nedderfeld 112 , 22529 Hamburg
Geschäftsführer / Verlagsleitung: Harald Hof
Druck: Books on Demand GmbH, In de Tarpen 42, 22848 Norderstedt

Imprint
Publisher: BABADADA GmbH, Nedderfeld 112 , 22529 Hamburg, Germany
Managing Director / Publishing direction: Harald Hof
Print: Books on Demand GmbH, In de Tarpen 42, 22848 Norderstedt

1

okul
die Schule

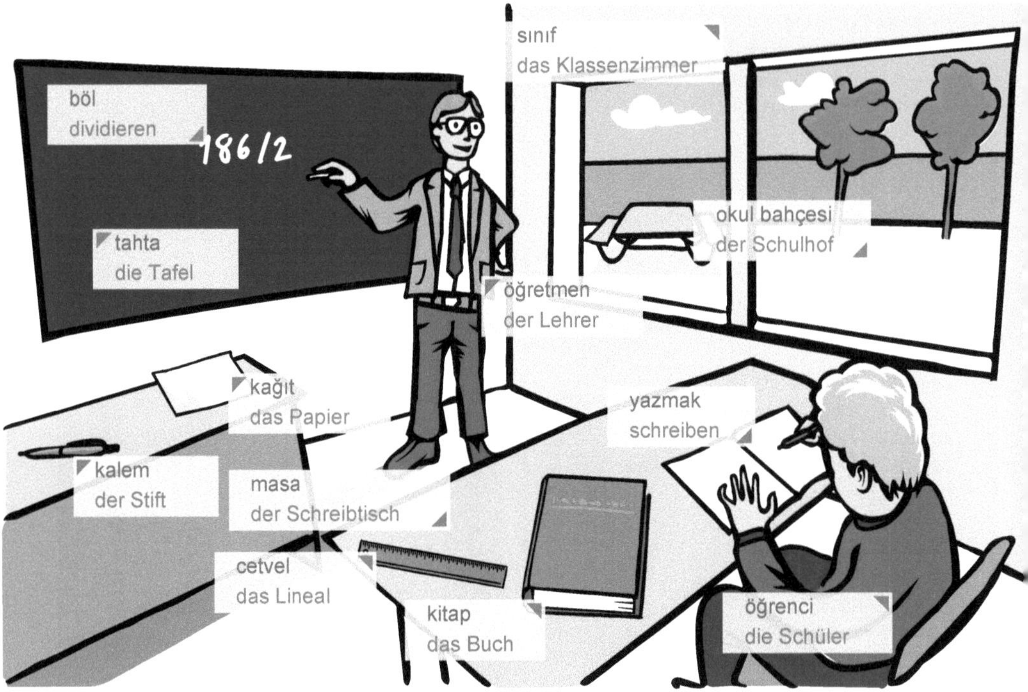

sınıf
das Klassenzimmer
böl
dividieren
186/2
tahta
die Tafel
okul bahçesi
der Schulhof
öğretmen
der Lehrer
kağıt
das Papier
yazmak
schreiben
kalem
der Stift
masa
der Schreibtisch
cetvel
das Lineal
kitap
das Buch
öğrenci
die Schüler

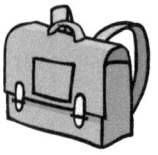

okul çantası

der Ranzen

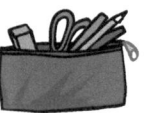

kalemlik

die Federmappe

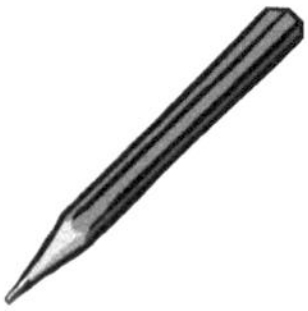

kurşun kalem

der Bleistift

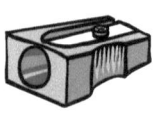

kalem açacağı

der Bleistiftanspitzer

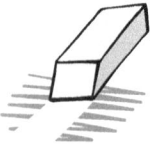

silgi

das Radiergummi

çizim defteri

der Zeichenblock

çizim

die Zeichnung

resim fırçası

der Pinsel

boya kutusu

der Malkasten

makas

die Schere

tutkal

der Klebstoff

alıştırma kitabı

das Übungsheft

ödev

die Hausaufgabe

12

sayı

die Zahl

2+2

ekle

addieren

5-2

çıkar

subtrahieren

2×2

çarp

multiplizieren

hesapla

rechnen

harf

der Buchstabe

ABCDEFG
HIJKLMN
OPQRSTU
VWXYZ

alfabe

das Alphabet

hello

kelime

das Wort

metin

der Text

okumak

lesen

tebeşir

die Kreide

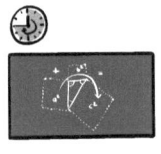

ders

die Stunde

kayıt

das Klassenbuch

sınav

die Prüfung

sertifika

das Zeugnis

okul forması

die Schuluniform

eğitim

die Ausbildung

ansiklopedi

das Lexikon

üniversite

die Universität

mikroskop

das Mikroskop

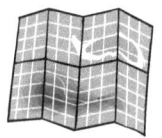

harita

die Karte

kağıt çöp kutusu

der Papierkorb

seyahat
die Reise

otel
das Hotel
Grand
pansiyon
die Herberge
ROOMS
döviz bürosu
die Wechselstube
bavul
der Koffer
otomobil
das Auto

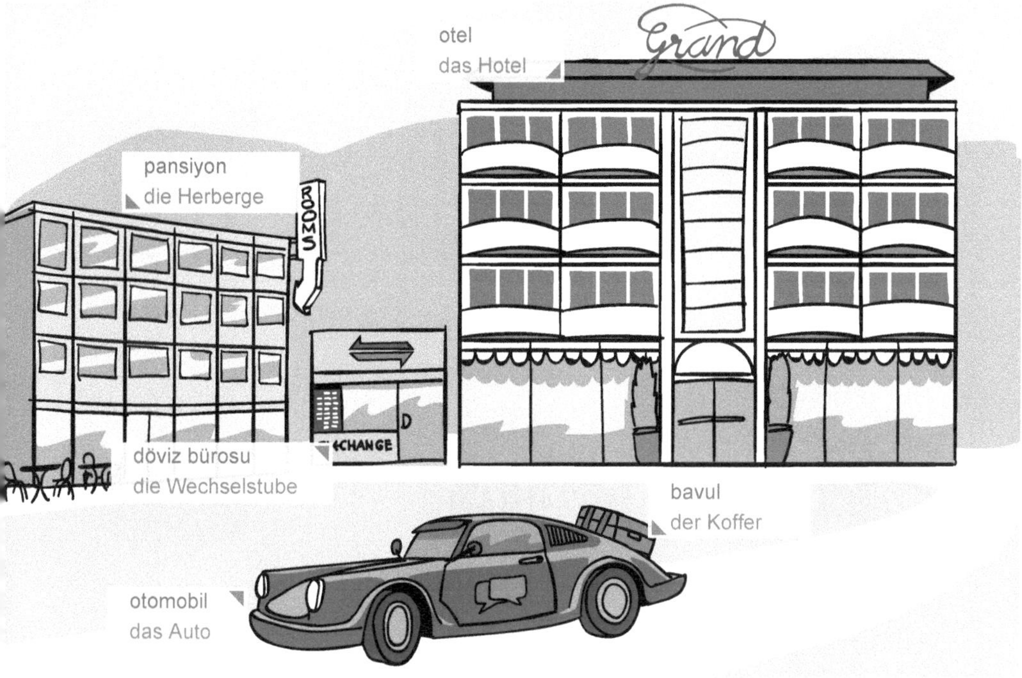

dil

die Sprache

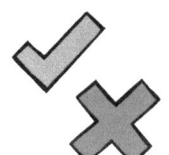

evet / hayır

ja / nein

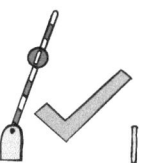

Tamam

Okay

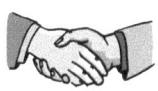

merhaba

Hallo

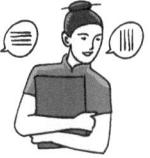

çevirmen

der Übersetzer

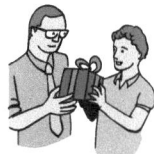

Teşekkür ederim

Danke

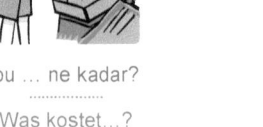

bu ... ne kadar?

Was kostet...?

anlamadım

Ich verstehe nicht

problem

das Problem

İyi akşamlar!

Guten Abend!

Günaydın!

Guten Morgen!

İyi geceler!

Gute Nacht!

güle güle

Auf Wiedersehen

yön

die Richtung

bagaj

das Gepäck

çanta

die Tasche

sırt çantası

der Rucksack

misafir

der Gast

oda

das Zimmer

uyku tulumu

der Schlafsack

çadır

das Zelt

turist danışma

die Touristeninformation

sahil

der Strand

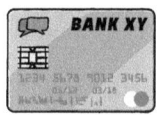

kredi kartı

die Kreditkarte

kahvaltı

das Frühstück

öğle yemeği

das Mittagessen

akşam yemeği

das Abendessen

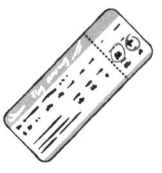

Bilet

die Fahrkarte

asansör

der Fahrstuhl

pul

die Briefmarke

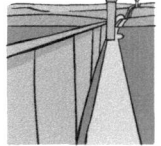

sınır

die Grenze

gümrük

der Zoll

elçilik

die Botschaft

vize

das Visum

pasaport

der Pass

ulaşım
der Transport

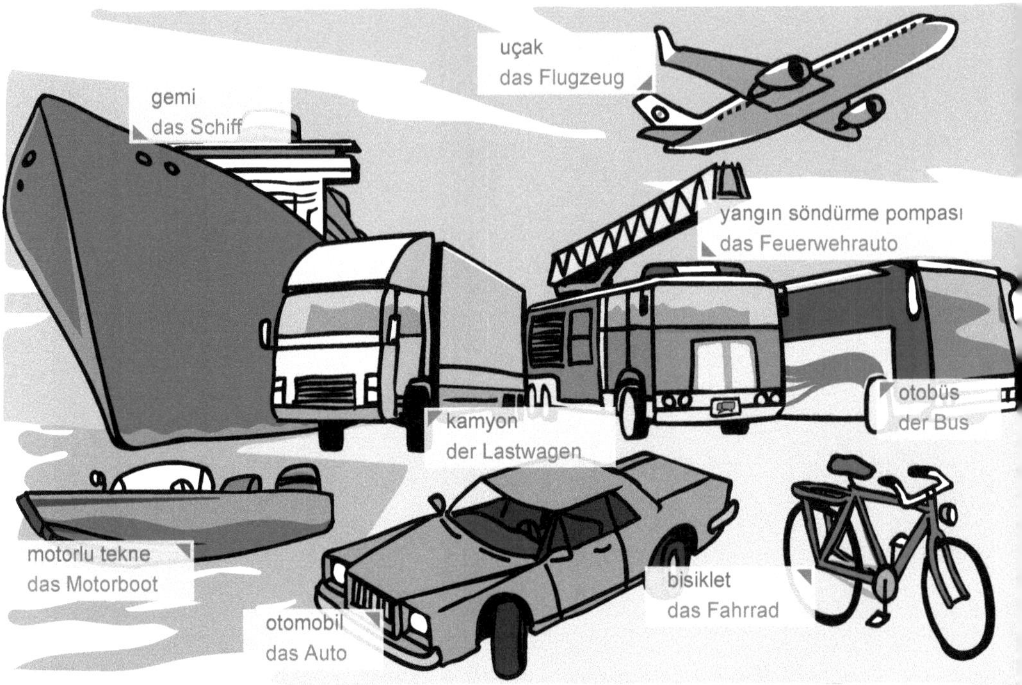

uçak
das Flugzeug
gemi
das Schiff
yangın söndürme pompası
das Feuerwehrauto
otobüs
der Bus
kamyon
der Lastwagen
motorlu tekne
das Motorboot
bisiklet
das Fahrrad
otomobil
das Auto

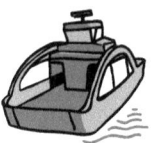

feribot

die Fähre

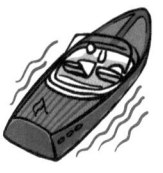

bot

das Boot

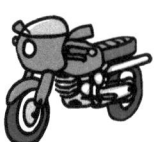

motosiklet

das Motorrad

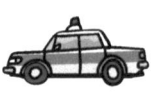

polis arabası

das Polizeiauto

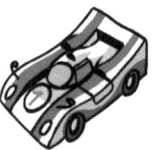

yarış arabası

das Rennauto

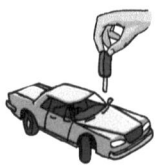

kiralık araba

der Mietwagen

ortak araba

das Carsharing

çekici

der Abschleppwagen

çöp kamyonu

das Müllauto

motor

der Motor

yakıt

der Kraftstoff

benzinlik

die Tankstelle

trafik işareti

das Verkehrsschild

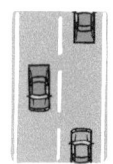

trafik

der Verkehr

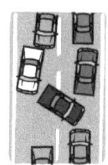

trafik sıkışıklığı

der Stau

otopark

der Parkplatz

tren istasyonu

der Bahnhof

ray

die Schienen

tren

der Zug

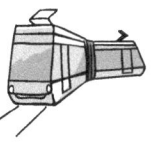

tramvay

die Straßenbahn

vagon

der Wagon

helikopter

der Helikopter

havaalanı

der Flughafen

kule

der Tower

yolcu

der Passagier

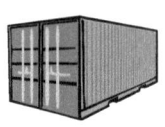

konteyner

der Container

koli

der Karton

yük arabası

der Karren

sepet

der Korb

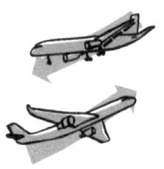

kalkış / iniş

starten / landen

şehir

die Stadt

köy

das Dorf

şehir merkezi

das Stadtzentrum

ev

das Haus

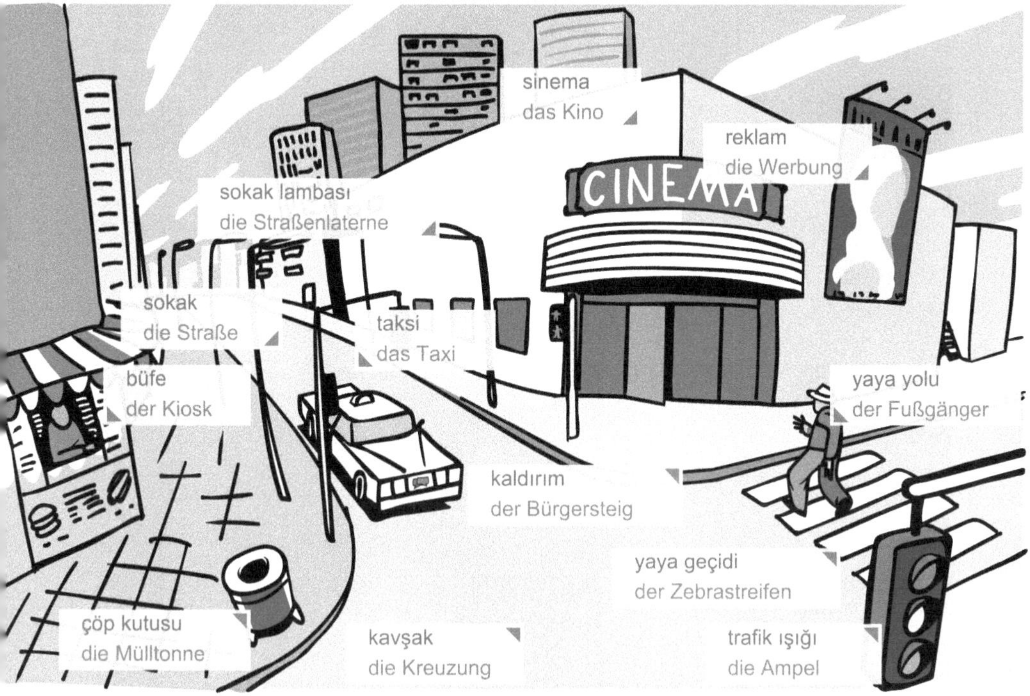

sinema
das Kino
reklam
die Werbung
CINEMA
sokak lambası
die Straßenlaterne
sokak
die Straße
taksi
das Taxi
büfe
der Kiosk
yaya yolu
der Fußgänger
kaldırım
der Bürgersteig
yaya geçidi
der Zebrastreifen
çöp kutusu
die Mülltonne
kavşak
die Kreuzung
trafik ışığı
die Ampel

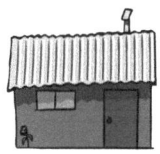

kulübe

die Hütte

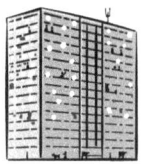

apartman dairesi

die Wohnung

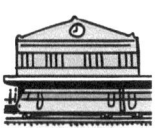

tren istasyonu

der Bahnhof

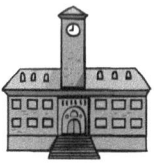

belediye binası

das Rathaus

MUSEUM

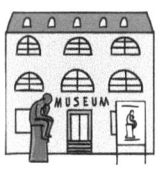

müze

das Museum

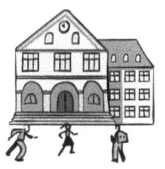

okul

die Schule

üniversite

die Universität

banka

die Bank

hastane

das Krankenhaus

otel

das Hotel

eczane

die Apotheke

ofis

das Büro

kitapçı

die Buchhandlung

mağaza

das Geschäft

çiçekçi

der Blumenladen

süpermarket

der Supermarkt

market

der Markt

büyük mağaza

das Kaufhaus

balık satıcısı

der Fischhändler

alışveriş merkezi

das Einkaufszentrum

liman

der Hafen

park
der Park

bank
die Bank

köprü
die Brücke

merdiven
die Treppe

metro
die U-Bahn

tünel
der Tunnel

otobüs durağı
die Bushaltestelle

bar
die Bar

restoran
das Restaurant

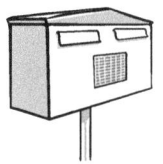

posta kutusu
der Briefkasten

sokak tabelası
das Straßenschild

otopark sayacı
die Parkuhr

hayvanat bahçesi
der Zoo

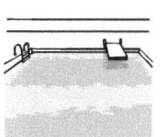

yüzme havuzu
die Badeanstalt

cami
die Moschee

çiftlik
der Bauernhof

kirlilik
die Umweltverschmutzung

mezarlık
der Friedhof

kilise
die Kirche

oyun alanı
der Spielplatz

tapınak
der Tempel

arazi
die Landschaft

yaprak
das Blatt

yön tabelası
der Wegweiser

yol
der Weg

çayır
die Wiese

taş
der Stein

ağaç
der Baum

yürüyüşçü
der Wanderer

ırmak
der Fluss

çimen
das Gras

çiçek
die Blume

vadi

das Tal

tepe

der Berg

göl

der See

orman

der Wald

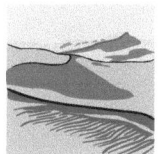

çöl

die Wüste

volkan

der Vulkan

kale

das Schloss

gökkuşağı

der Regenbogen

mantar

der Pilz

palmiye

die Palme

sivrisinek

der Moskito

sinek

die Fliege

karınca

die Ameise

arı

die Biene

örümcek

die Spinne

böcek

der Käfer

kurbağa

der Frosch

sincap

das Eichhörnchen

kirpi

der Igel

yabani tavşan

der Hase

baykuş

die Eule

kuş

die Vogel

kuğu

der Schwan

yaban domuzu

das Wildschwein

geyik

der Hirsch

geyik

der Elch

baraj

der Staudamm

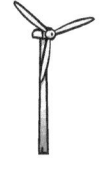

rüzgar türbini

das Windrad

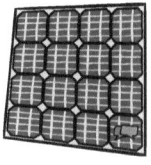

güneş paneli

das Solarmodul

iklim

das Klima

restoran
das Restaurant

garson
der Kellner
menü
die Speisekarte
sandalye
der Stuhl
çorba
die Suppe
pizza
die Pizza
masa örtüsü
die Tischdecke
çatal - bıçak
das Besteck

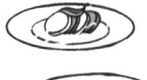

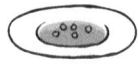

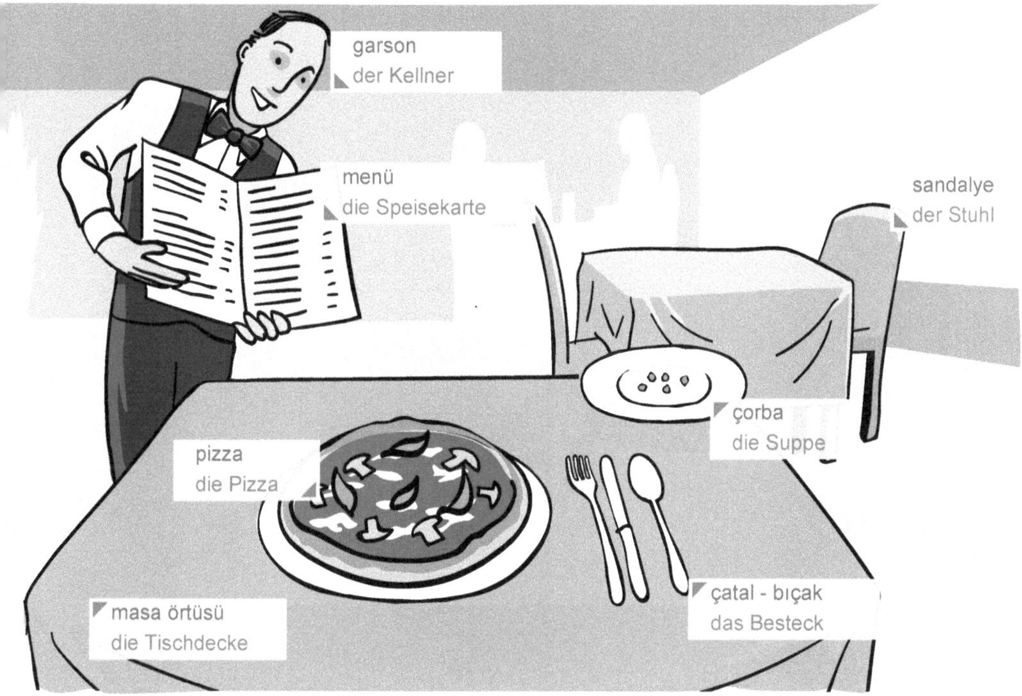

başlangıç

die Vorspeise

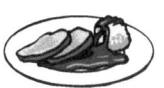

ana yemek

das Hauptgericht

tatlı

die Nachspeise

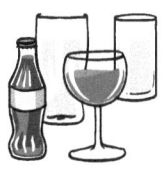

içecekler

die Getränke

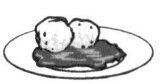

yemek

das Essen

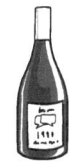

şişe

die Flasche

fastfood

das Fastfood

sokak yemeği

das Streetfood

çaydanlık

die Teekanne

şekerlik

die Zuckerdose

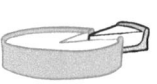

porsiyon

die Portion

espresso makinesi

die Espressomaschine

mama sandalyesi

der Hochstuhl

fatura

die Rechnung

tepsi

das Tablett

bıçak

das Messer

çatal

die Gabel

kaşık

der Löffel

çay kaşığı

der Teelöffel

servis peçetesi

die Serviette

bardak

das Glas

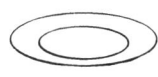

tabak
der Teller

çorba kasesi
der Suppenteller

fincan altlığı
die Untertasse

sos
die Sauce

tuzluk
der Salzstreuer

karabiber değirmeni
die Pfeffermühle

sirke
der Essig

yağ
das Öl

baharat
die Gewürze

ketçap
das Ketchup

hardal
der Senf

mayonez
die Mayonnaise

süpermarket
der Supermarkt

özel teklif
das Angebot
FOR
müşteri
der Kunde
süt ürünleri
die Milchprodukte
meyve
das Obst
alışveriş arabası
der Einkaufswagen

BUTCHERS

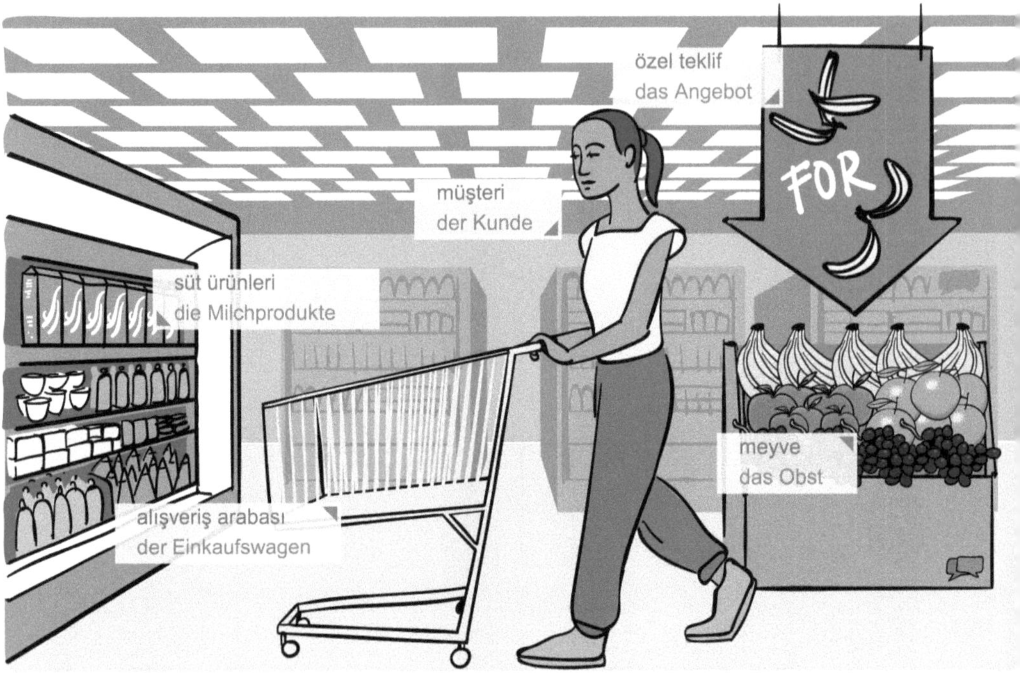

kasap

die Schlachterei

BAKERY

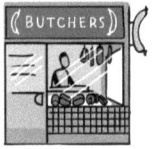

fırın

die Bäckerei

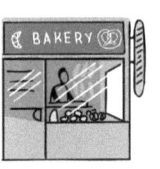

tartmak

wiegen

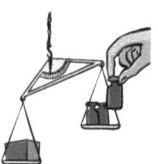

sebze

das Gemüse

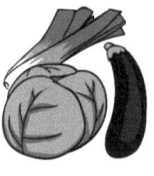

et

das Fleisch

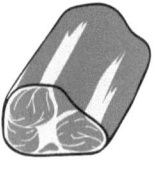

donmuş gıda

die Tiefkühlkost

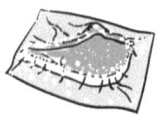

söğüş et

der Aufschnitt

konserve yiyecek

die Konserven

toz deterjan

das Waschmittel

şekerlemeler

die Süßigkeiten

ev temizlik ürünleri

die Haushaltsartikel

temizlik ürünleri

das Reinigungsmittel

satış görevlisi

die Verkäuferin

yazar kasa

die Kasse

kasiyer

der Kassierer

alışveriş listesi

die Einkaufsliste

açılış saatleri

die Öffnungszeiten

cüzdan

die Brieftasche

kredi kartı

die Kreditkarte

çanta

die Tasche

plastik poşet

die Plastiktüte

su

das Wasser

meyve suyu

der Saft

süt

die Milch

kola

die Cola

şarap

der Wein

bira

das Bier

alkol

der Alkohol

kakao

der Kakao

çay

der Tee

kahve

der Kaffee

espresso

der Espresso

kapuçino

der Cappuccino

muz

die Banane

elma

der Apfel

portakal

die Orange

kavun

die Melone

limon

die Zitrone

havuç

die Karotte

sarımsak

der Knoblauch

bambu

der Bambus

soğan

die Zwiebel

mantar

der Pilz

çerez

die Nüsse

makarna

die Nudeln

spagetti

die Spaghetti

pirinç

der Reis

salata

der Salat

cips

die Pommes frites

patates kızartması

die Bratkartoffeln

pizza

die Pizza

hamburger

der Hamburger

sandviç

das Sandwich

şinitzel

das Schnitzel

pastırma

der Schinken

salam

die Salami

sosis

die Wurst

tavuk

das Huhn

rosto

der Braten

balık

der Fisch

yemek - das Essen

yulaf ezmesi

die Haferflocken

müsli

das Müsli

mısır gevreği

die Cornflakes

un

das Mehl

kruvasan

das Croissant

küçük ekmek

das Brötchen

ekmek

das Brot

tost

der Toast

bisküvi

die Kekse

tereyağı

die Butter

kaymak

der Quark

kek

der Kuchen

yumurta

das Ei

sahanda yumurta

das Spiegelei

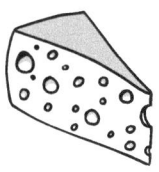

peynir

der Käse

dondurma

die Eiscreme

şeker

der Zucker

bal

der Honig

reçel

die Marmelade

fındık ezmesi

die Nougat-Creme

köri

das Curry

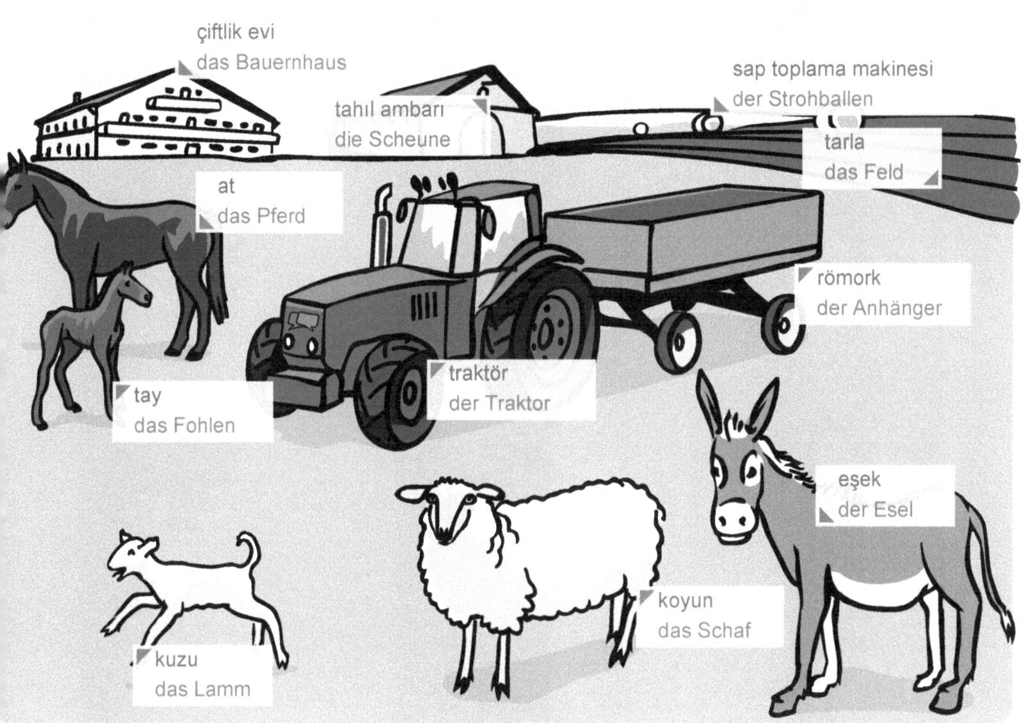

çiftlik evi
das Bauernhaus

tahıl ambarı
die Scheune

sap toplama makinesi
der Strohballen

tarla
das Feld

at
das Pferd

römork
der Anhänger

tay
das Fohlen

traktör
der Traktor

eşek
der Esel

kuzu
das Lamm

koyun
das Schaf

keçi

die Ziege

inek

die Kuh

buzağı

das Kalb

domuz

das Schwein

domuz yavrusu

das Ferkel

boğa

der Bulle

kaz

die Gans

ördek

die Ente

civciv

das Küken

tavuk

das Huhn

horoz

der Hahn

sıçan

die Ratte

kedi

die Katze

fare

die Maus

öküz

der Ochse

köpek

der Hund

köpek kulübesi

die Hundehütte

bahçe hortumu

der Gartenschlauch

sulama kabı

die Gießkanne

tırpan

die Sense

pulluk

der Pflug

çiftlik - der Bauernhof

orak

die Sichel

çapa

die Hacke

dirgen

die Mistgabel

balta

die Axt

el arabası

die Schubkarre

yemlik

der Trog

süt kovası

die Milchkanne

çuval

der Sack

çit

der Zaun

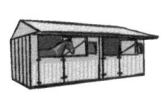

ahır

der Stall

sera

das Treibhaus

toprak

der Boden

tohum

die Saat

gübre

der Dünger

biçerdöver

der Mähdrescher

hasat etmek

ernten

harman

die Ernte

tatlı patates

die Yamswurzel

buğday

der Weizen

soya

das Soja

patates

die Kartoffel

mısır

der Mais

kolza

der Raps

meyve ağacı

der Obstbaum

manyok

der Maniok

hububat

das Getreide

çiftlik - der Bauernhof

ev

das Haus

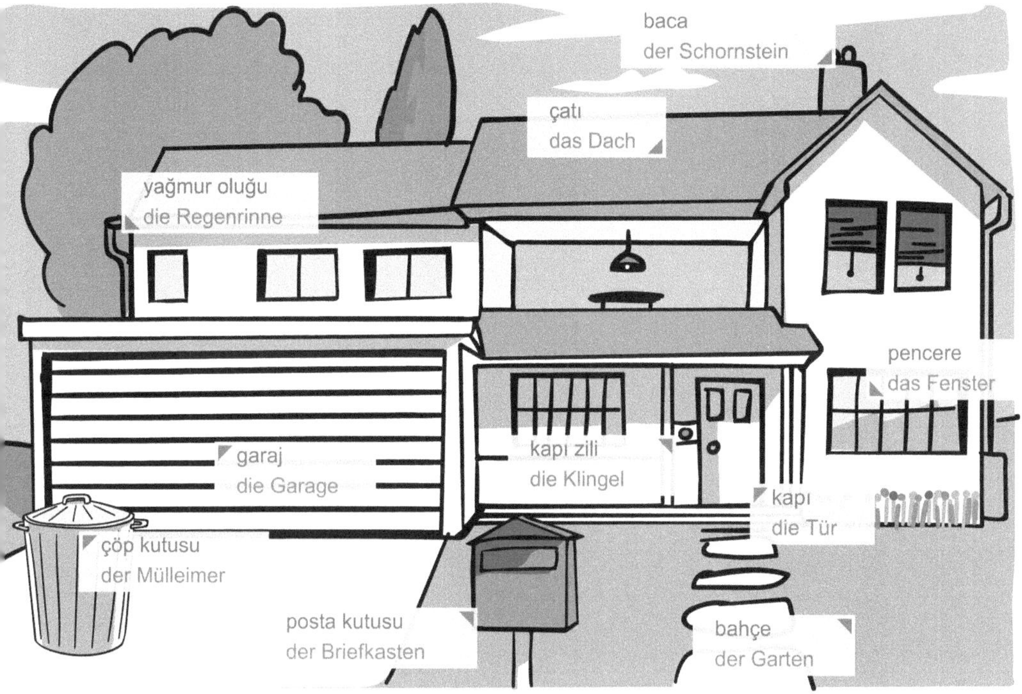
baca
der Schornstein
çatı
das Dach
yağmur oluğu
die Regenrinne
pencere
das Fenster
garaj
die Garage
kapı zili
die Klingel
kapı
die Tür
çöp kutusu
der Mülleimer
posta kutusu
der Briefkasten
bahçe
der Garten

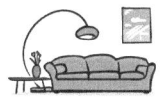

oturma odası

das Wohnzimmer

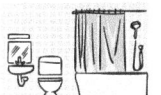

banyo

das Badezimmer

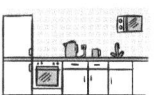

mutfak

die Küche

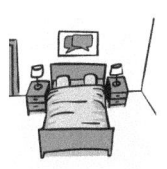

yatak odası

das Schlafzimmer

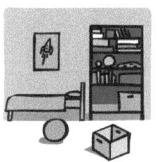

çocuk odası

das Kinderzimmer

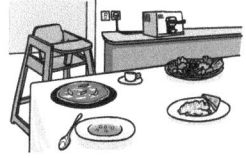

yemek odası

das Esszimmer

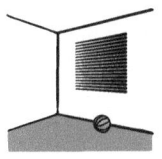

zemin

der Boden

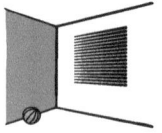

duvar

die Wand

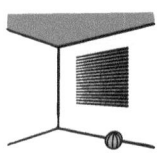

tavan

die Decke

kiler

der Keller

sauna

die Sauna

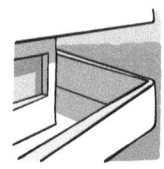

balkon

der Balkon

teras

die Terrasse

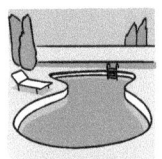

havuz

das Schwimmbad

çim biçme makinesi

der Rasenmäher

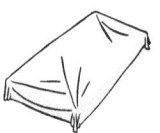

çarşaf

der Bettbezug

yatak örtüsü

die Bettdecke

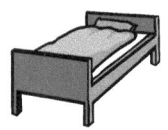

yatak

das Bett

süpürge

der Besen

kova

der Eimer

anahtar

der Schalter

oturma odası
das Wohnzimmer

duvar kağıdı
die Tapete
resim
das Bild
lamba
die Lampe
raf
das Regal
dolap
der Schrank
televizyon
der Fernseher
şömine
der Kamin
çiçek
die Blume
minder
das Kissen
kanepe
das Sofa
vazo
die Vase
uzaktan kumanda
die Fernbedienung

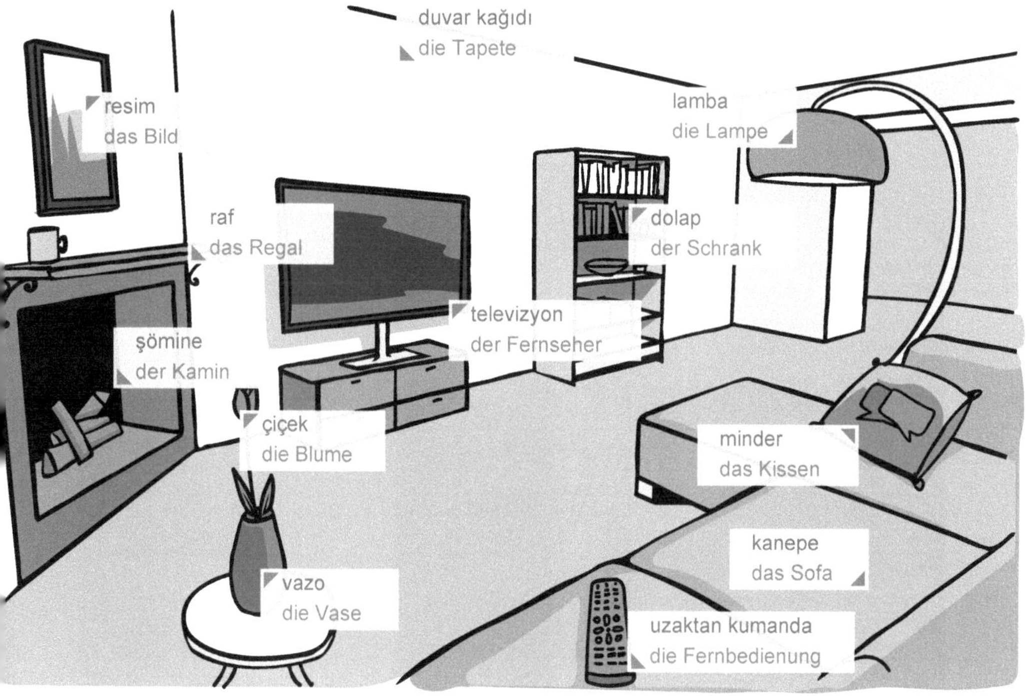

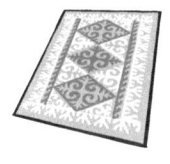

halı
der Teppich

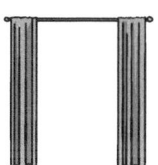

perde
der Vorhang

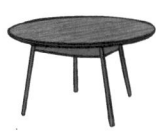

masa
der Tisch

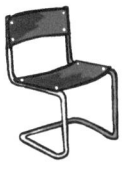

sandalye
der Stuhl

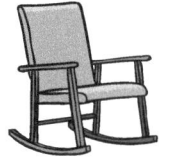

salıncaklı koltuk
der Schaukelstuhl

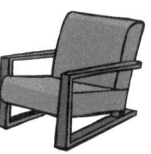

koltuk
der Sessel

kitap

das Buch

battaniye

die Decke

dekor

die Dekoration

odun

das Feuerholz

film

der Film

hi-fi

die Stereoanlage

anahtar

der Schlüssel

gazete

die Zeitung

tablo

das Gemälde

poster

das Poster

radyo

das Radio

defter

der Notizblock

elektrikli süpürge

der Staubsauger

kaktüs

der Kaktus

mum

die Kerze

mutfak

die Küche

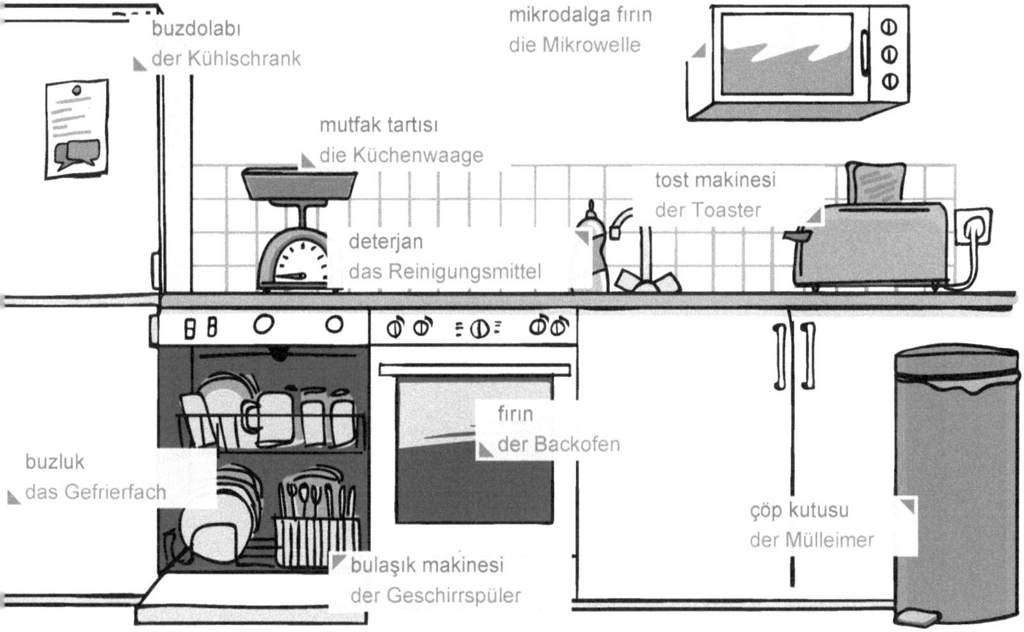
buzdolabı
der Kühlschrank
mikrodalga fırın
die Mikrowelle
mutfak tartısı
die Küchenwaage
tost makinesi
der Toaster
deterjan
das Reinigungsmittel
fırın
der Backofen
buzluk
das Gefrierfach
çöp kutusu
der Mülleimer
bulaşık makinesi
der Geschirrspüler

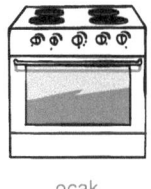

ocak

der Herd

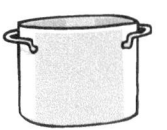

tencere

der Topf

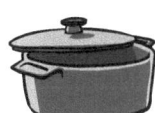

döküm tencere

der Eisentopf

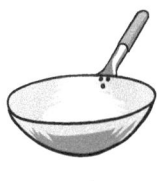

wok

der Wok / Kadai

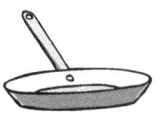

tava

die Pfanne

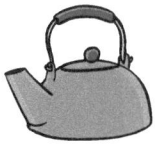

su ısıtıcı

der Wasserkocher

buharlı pişirici

der Dampfgarer

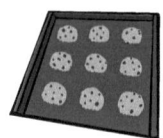

pişirme tepsisi

das Backblech

tabak takımı

das Geschirr

kupa

der Becher

kase

die Schale

çubuk (çin yemeği)

die Essstäbchen

kepçe

die Suppenkelle

spatula

der Pfannenwender

çırpma teli

der Schneebesen

süzgeç

das Kochsieb

elek

das Sieb

rende

die Reibe

havan

der Mörser

barbekü

der Grill

açık ateş

die Feuerstelle

mutfak - die Küche

kesme tahtası

das Schneidebrett

merdane

das Nudelholz

tirbüşon

der Korkenzieher

konserve kutusu

die Dose

konserve açacağı

der Dosenöffner

fırın eldiveni

der Topflappen

evye

das Waschbecken

fırça

die Bürste

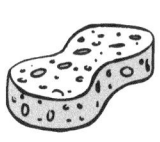

sünger

der Schwamm

blender

der Mixer

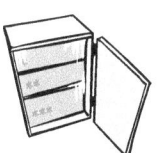

derin dondurucu

die Gefriertruhe

biberon

die Babyflasche

musluk

der Wasserhahn

banyo
das Badezimmer

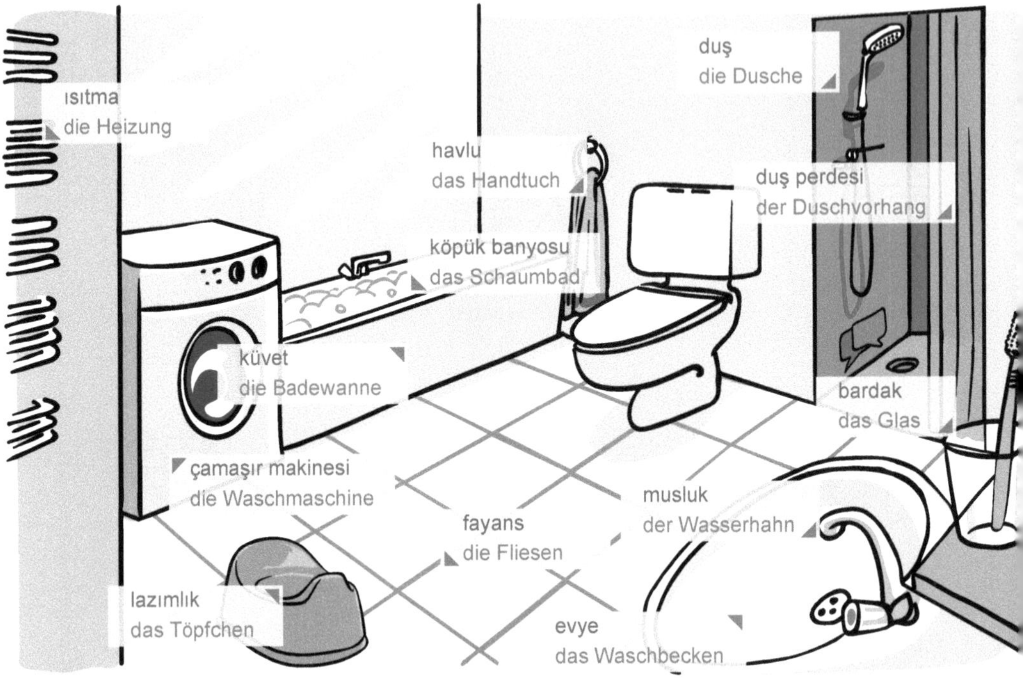

ısıtma
die Heizung
havlu
das Handtuch
duş
die Dusche
duş perdesi
der Duschvorhang
köpük banyosu
das Schaumbad
küvet
die Badewanne
bardak
das Glas
çamaşır makinesi
die Waschmaschine
musluk
der Wasserhahn
fayans
die Fliesen
lazımlık
das Töpfchen
evye
das Waschbecken

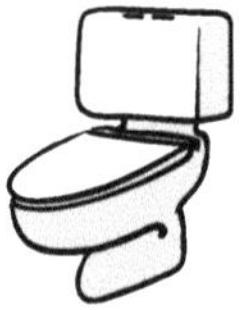

tuvalet
die Toilette

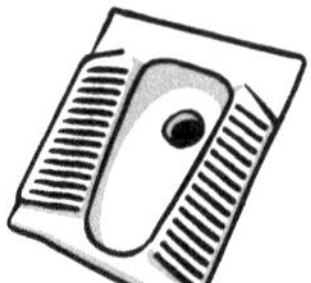

alaturka tuvalet
die Hocktoilette

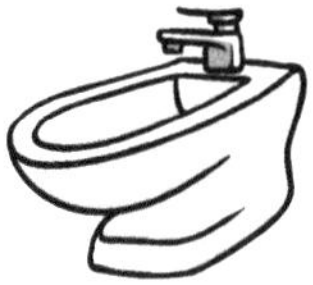

bide
das Bidet

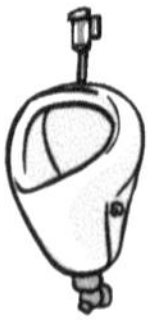

pisuvar
das Pissoir

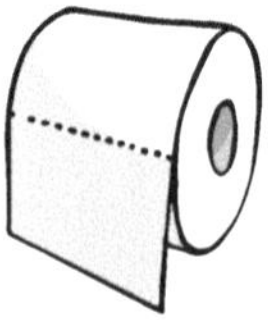

tuvalet kağıdı
das Toilettenpapier

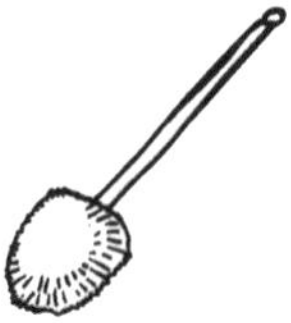

tuvalet fırçası
die Toilettenbürste

diş fırçası

die Zahnbürste

diş macunu

die Zahnpasta

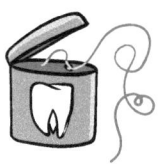

diş ipi

die Zahnseide

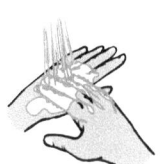

yıkamak

waschen

duş başlığı

die Handbrause

duş başlığı şeklinde taharet musluğu

die Intimdusche

küvet

die Waschschüssel

banyo fırçası

die Rückenbürste

sabun

die Seife

duş jeli

das Duschgel

şampuan

das Shampoo

banyo lifi

der Waschlappen

gider

der Abfluss

krem

die Creme

deodorant

das Deodorant

banyo - das Badezimmer

ayna

der Spiegel

el aynası

der Kosmetikspiegel

jilet

der Rasierer

tıraş köpüğü

der Rasierschaum

tıraş losyonu

das Rasierwasser

tarak

der Kamm

fırça

die Bürste

saç kurutma makinesi

der Föhn

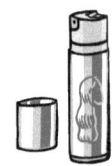

saç spreyi

das Haarspray

makyaj

das Makeup

ruj

der Lippenstift

tırnak cilası

der Nagellack

pamuk

die Watte

tırnak makası

die Nagelschere

parfüm

das Parfum

makyaj çantası
der Kulturbeutel

tabure
der Hocker

tartı
die Waage

bornoz
der Bademantel

lastik eldiven
die Gummihandschuhe

tampon
das Tampon

kadın pedi
die Damenbinde

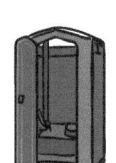

kimyevi tuvalet
die Chemietoilette

çocuk odası
das Kinderzimmer

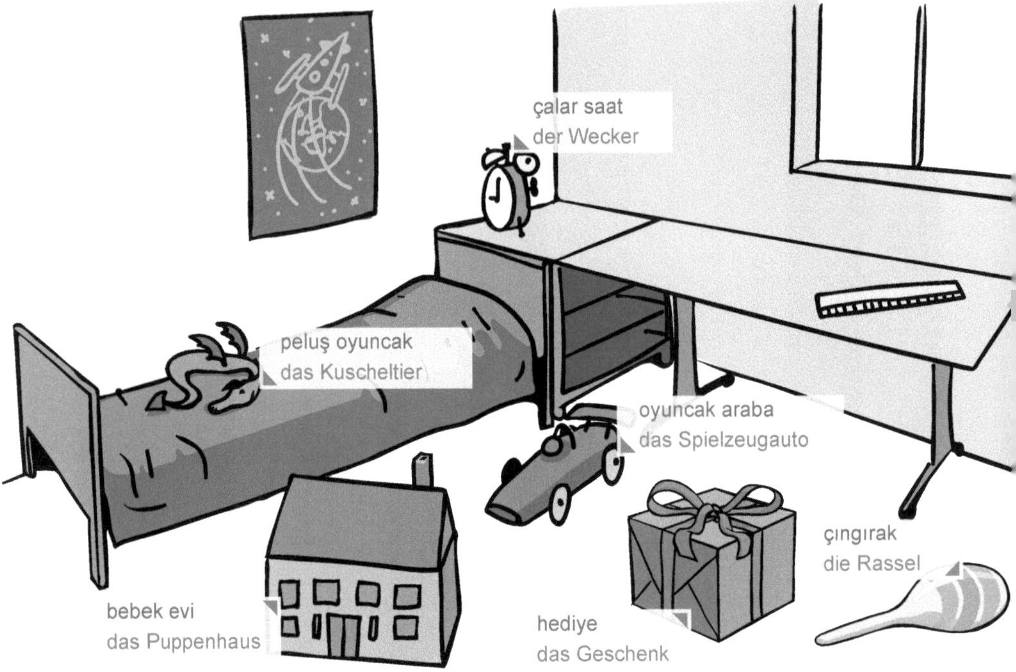

çalar saat
der Wecker
peluş oyuncak
das Kuscheltier
oyuncak araba
das Spielzeugauto
çıngırak
die Rassel
bebek evi
das Puppenhaus
hediye
das Geschenk

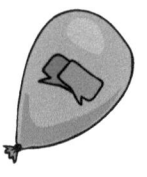

balon
der Ballon

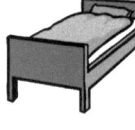

yatak
das Bett

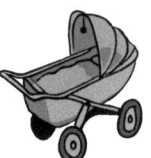

bebek arabası
der Kinderwagen

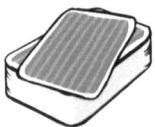

kart destesi
das Kartenspiel

yapboz
das Puzzle

SUPER MEGA

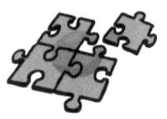

çizgi roman
der Comic

lego tuğlaları

die Legosteine

lego blokları

die Bausteine

aksiyon figürü

die Action Figur

zıbın

der Strampelanzug

frizbi

das Frisbee

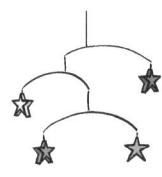

dönence

das Mobile

masa oyunu

das Brettspiel

zar

der Würfel

model tren seti

die Modelleisenbahn

emzik

der Schnuller

parti

die Party

resimli kitap

das Bilderbuch

top

der Ball

oyuncak bebek

die Puppe

oynamak

spielen

kum havuzu

der Sandkasten

salıncak

die Schaukel

oyuncaklar

das Spielzeug

video oyun konsolu

die Spielkonsole

üç tekerlekli bisiklet

das Dreirad

oyuncak ayı

der Teddy

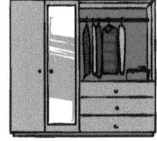

gardırop

der Kleiderschrank

kıyafet
die Kleidung

çorap

die Socken

külotlu çorap

die Strümpfe

tayt

die Strumpfhose

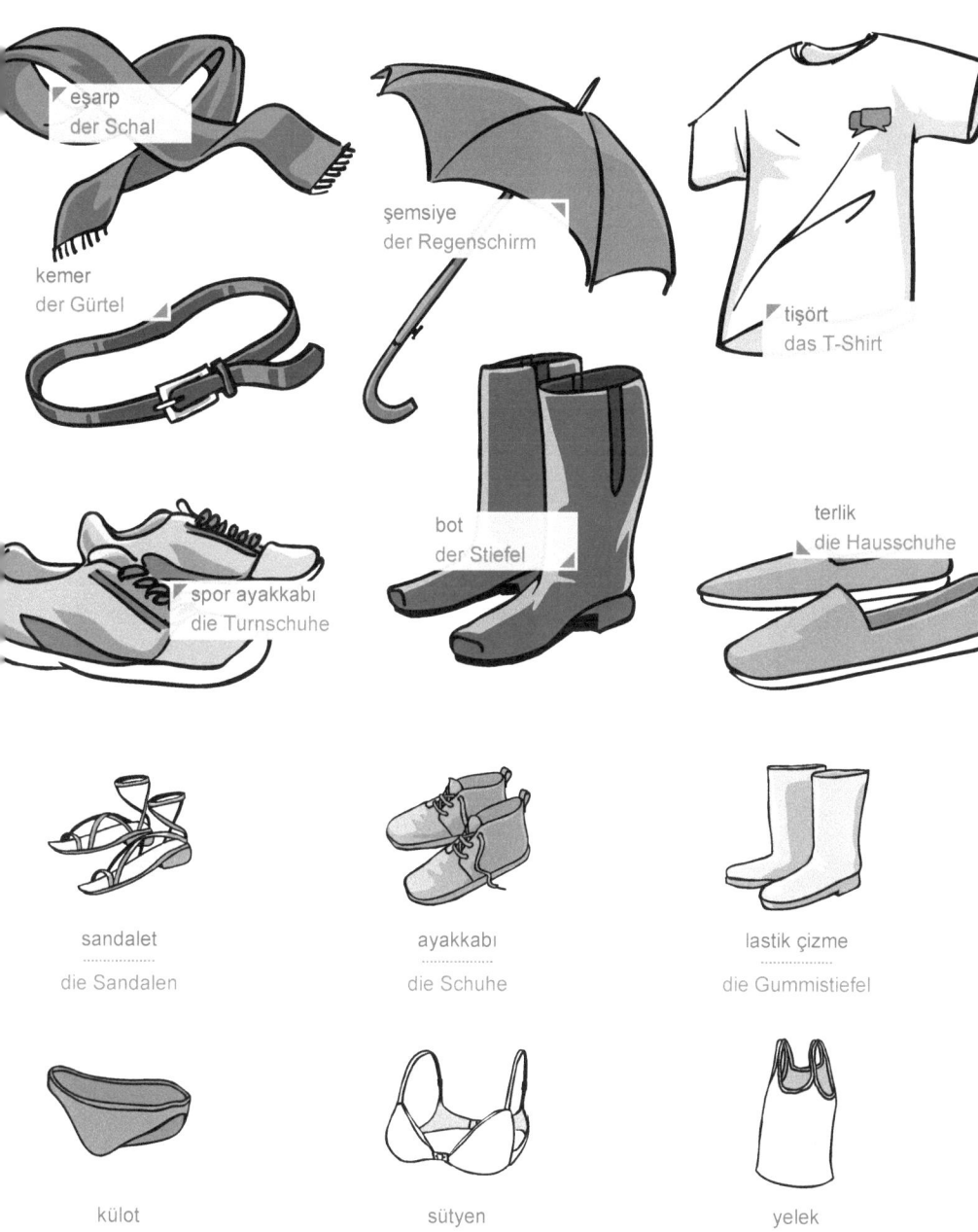

eşarp
der Schal

kemer
der Gürtel

şemsiye
der Regenschirm

tişört
das T-Shirt

spor ayakkabı
die Turnschuhe

bot
der Stiefel

terlik
die Hausschuhe

sandalet
die Sandalen

ayakkabı
die Schuhe

lastik çizme
die Gummistiefel

külot
die Unterhose

sütyen
der Büstenhalter

yelek
das Unterhemd

kıyafet - die Kleidung

dar bluz

der Body

pantolon

die Hose

kot pantolon

die Jeans

etek

der Rock

bluz

die Bluse

gömlek

das Hemd

kazak

der Pullover

süveter

der Kapuzenpullover

blazer

der Blazer

ceket

die Jacke

mont

der Mantel

yağmurluk

der Regenmantel

kostüm

das Kostüm

elbise

das Kleid

gelinlik

das Hochzeitskleid

kıyafet - die Kleidung

takım elbise

der Anzug

gecelik

das Nachthemd

pijama

der Schlafanzug

sari

der Sari

baş örtüsü

das Kopftuch

türban

der Turban

burka

die Burka

kaftan

der Kaftan

çarşaf

die Abaya

mayo

der Badeanzug

erkek mayosu

die Badehose

şort

die kurze Hose

eşofman

der Trainingsanzug

önlük

die Schürze

eldiven

die Handschuhe

kıyafet - die Kleidung

düğme

der Knopf

gözlük

die Brille

bilezik

das Armband

kolye

die Halskette

yüzük

der Ring

küpe

der Ohrring

kep

die Mütze

portmanto

der Kleiderbügel

şapka

der Hut

kravat

die Krawatte

fermuar

der Reißverschluss

kask

der Helm

pantolon askısı

der Hosenträger

okul forması

die Schuluniform

üniforma

die Uniform

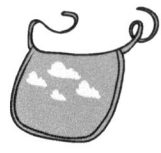

mama önlüğü

das Lätzchen

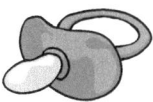

emzik

der Schnuller

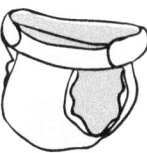

bebek bezi

die Windel

ofis

das Büro

sunucu
der Server
dosya dolabı
der Aktenschrank
kağıt
das Papier
yazıcı
der Drucker
monitör
der Monitor
masa
der Schreibtisch
fare
die Maus
klasör
der Ordner
klavye
die Tastatur
kağıt çöp kutusu
der Papierkorb
bilgisayar
der Computer
sandalye
der Stuhl

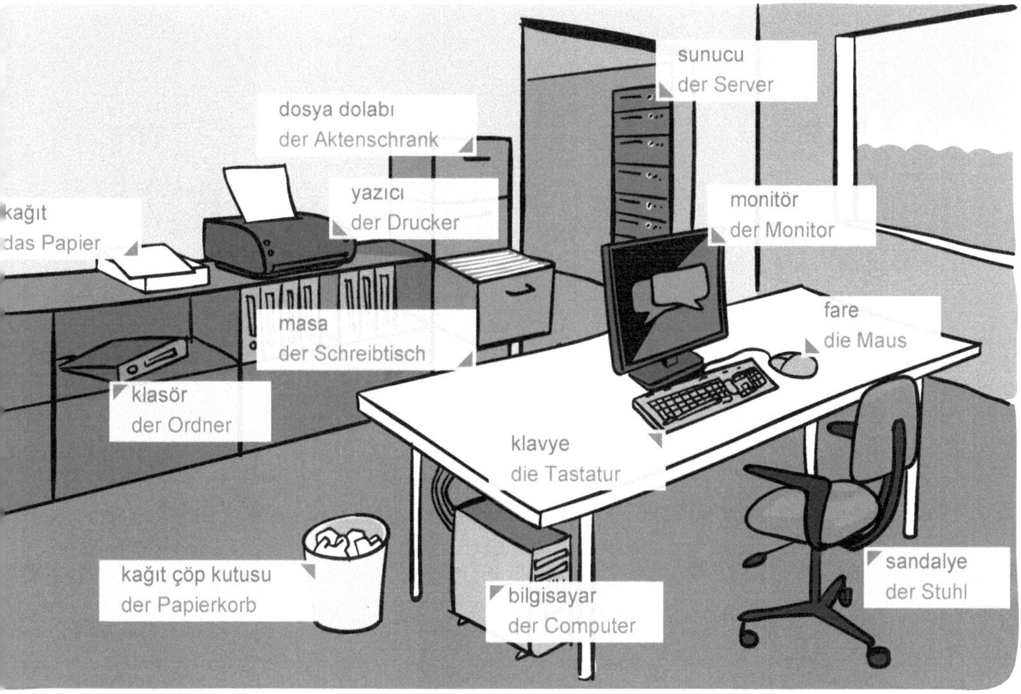

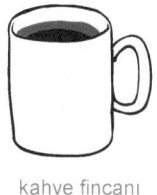

kahve fincanı

der Kaffeebecher

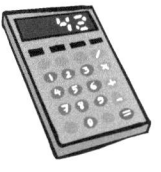

hesap makinesi

der Taschenrechner

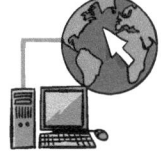

internet

das Internet

dizüstü	mektup	mesaj
der Laptop	der Brief	die Nachricht

cep telefonu	ağ	fotokopi makinesi
das Handy	das Netzwerk	der Kopierer

yazılım	telefon	priz
die Software	das Telefon	die Steckdose
	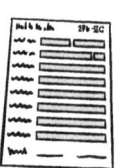	
faks makinesi	form	belge
das Fax	das Formular	das Dokument

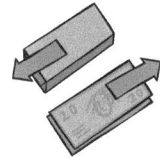

satın almak
kaufen

ödemek
bezahlen

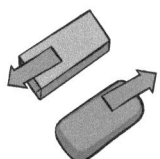

ticaret yapmak
handeln

para
das Geld

dolar
der Dollar

avro
der Euro

yen
der Yen

ruble
der Rubel

İsviçre frangı
der Franken

Çin yuanı
der Renminbi Yuan

rupi
die Rupie

kasa
der Geldautomat

döviz bürosu

die Wechselstube

altın

das Gold

gümüş

das Silber

petrol

das Öl

enerji

die Energie

fiyat

der Preis

kontrat

der Vertrag

vergi

die Steuer

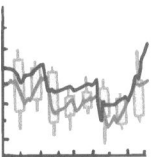

menkul değer

die Aktie

çalışmak

arbeiten

işveren

der Angestellte

işçi

der Arbeitgeber

fabrika

die Fabrik

mağaza

das Geschäft

meslekler
die Berufe

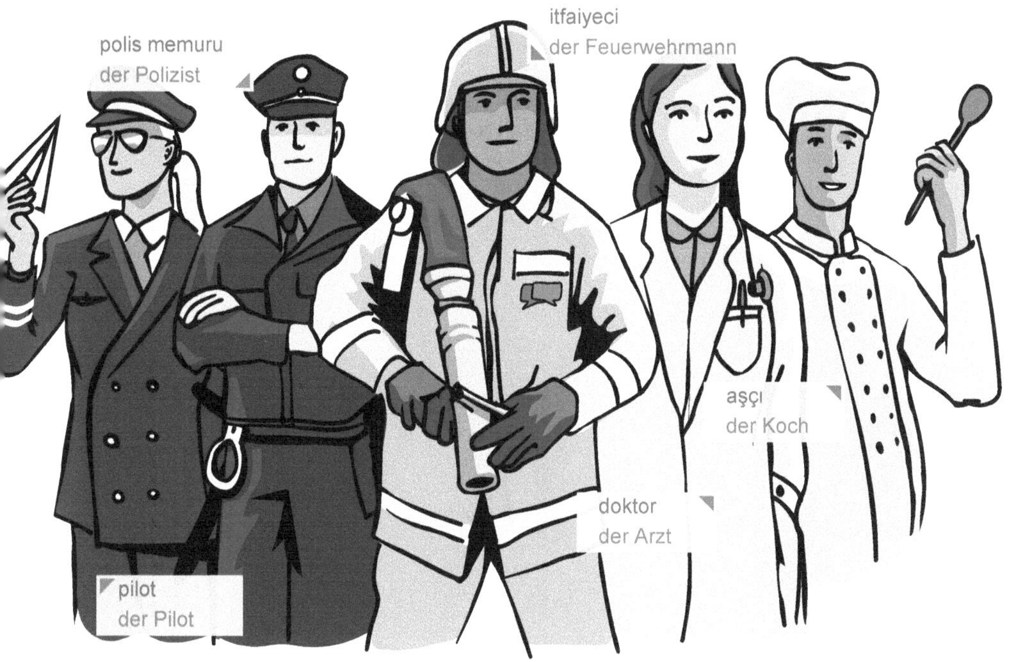
itfaiyeci
der Feuerwehrmann
polis memuru
der Polizist
aşçı
der Koch
doktor
der Arzt
pilot
der Pilot

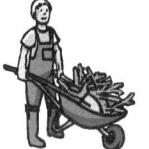

bahçıvan

der Gärtner

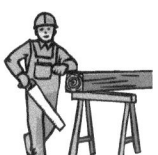

marangoz

der Tischler

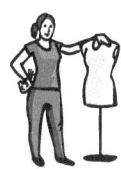

terzi

die Näherin

hakim

der Richter

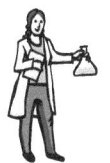

kimyager

der Chemiker

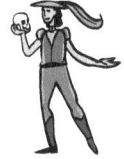

aktör

der Schauspieler

otobüs şoförü

der Busfahrer

taksi şoförü

der Taxifahrer

balıkçı

der Fischer

temizlikçi

die Putzfrau

çatı ustası

der Dachdecker

garson

der Kellner

avcı

der Jäger

boyacı

der Maler

fırıncı

der Bäcker

elektrikçi

der Elektriker

inşaatçı

der Bauarbeiter

mühendis

der Ingenieur

kasap

der Schlachter

muslukçu

der Klempner

postacı

der Postbote

meslekler - die Berufe

asker
der Soldat

mimar
der Architekt

kasiyer
der Kassierer

çiçekçi
der Florist

kuaför
der Friseur

kondüktör
der Schaffner

tamirci
der Mechaniker

kaptan
der Kapitän

dişçi
der Zahnarzt

bilim insanı
der Wissenschaftler

haham
der Rabbi

imam
der Imam

keşiş
der Mönch

rahip
der Geistliche

aletler
die Werkzeuge

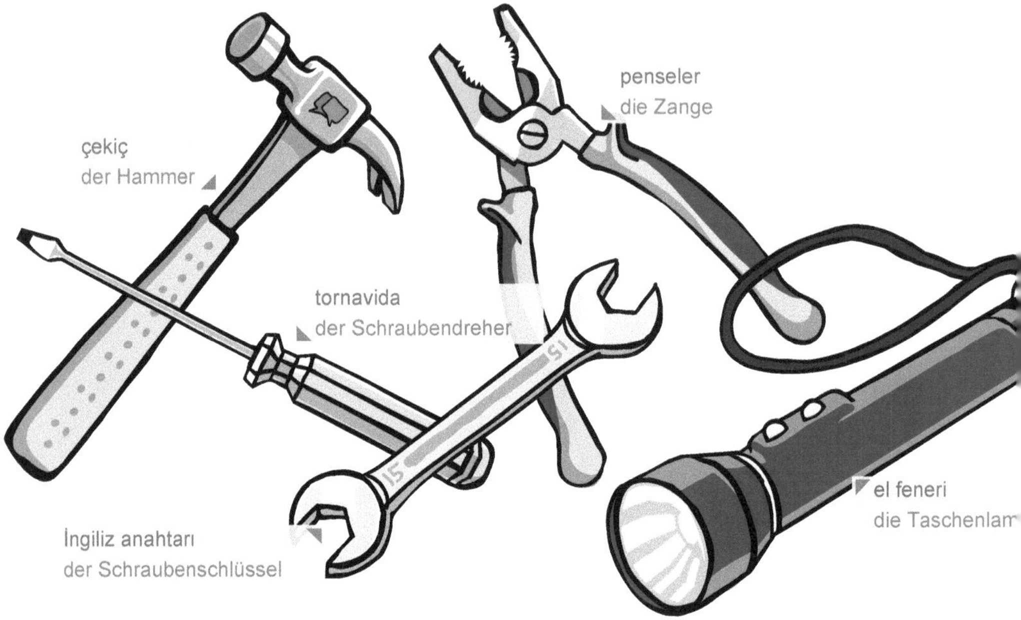

penseler
die Zange
çekiç
der Hammer
tornavida
der Schraubendreher
el feneri
die Taschenlam
İngiliz anahtarı
der Schraubenschlüssel

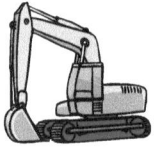

kazı makinesi
der Bagger

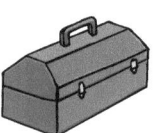

alet çantası
der Werkzeugkasten

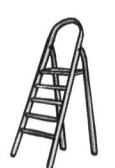

merdiven
die Leiter

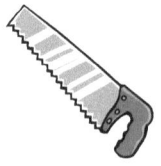

testere
die Säge

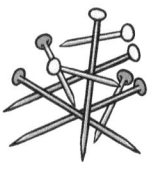

çiviler
die Nägel

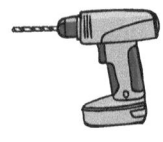

matkap
der Bohrer

tamir etmek
reparieren

kürek
die Schaufel

Kahretsin!
Mist!

faraş
das Kehrblech

boya tenekesi
der Farbtopf

vidalar
die Schrauben

müzik enstrümanı
die Musikinstrumente

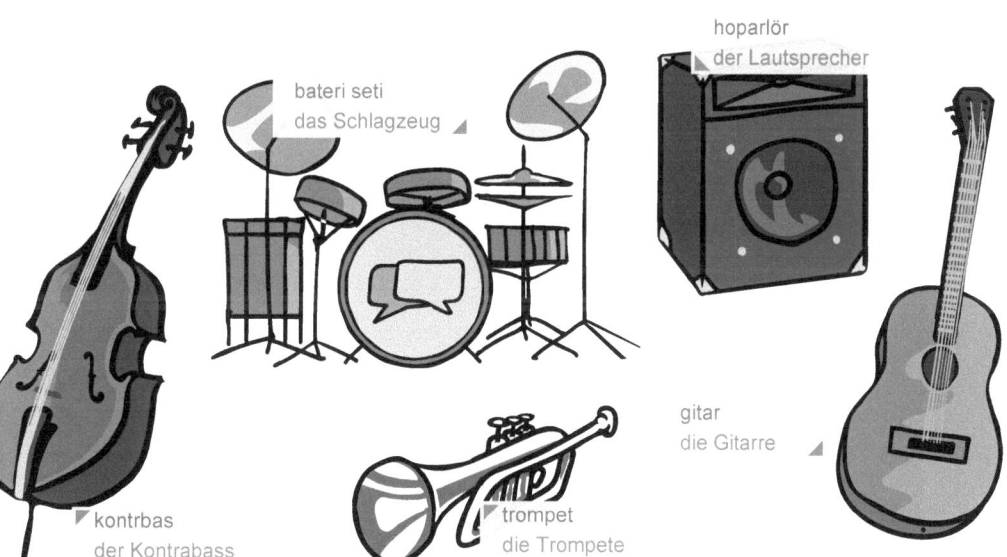

hoparlör
der Lautsprecher

bateri seti
das Schlagzeug

gitar
die Gitarre

kontrbas
der Kontrabass

trompet
die Trompete

piyano

das Klavier

keman

die Violine

basgitar

der Bass

timpani

die Pauke

bateri

die Trommeln

klavye

das Keyboard

saksafon

das Saxophon

flüt

die Flöte

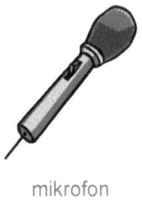

mikrofon

das Mikrofon

müzik enstrümanı - die Musikinstrumente

hayvanat bahçesi
der Zoo

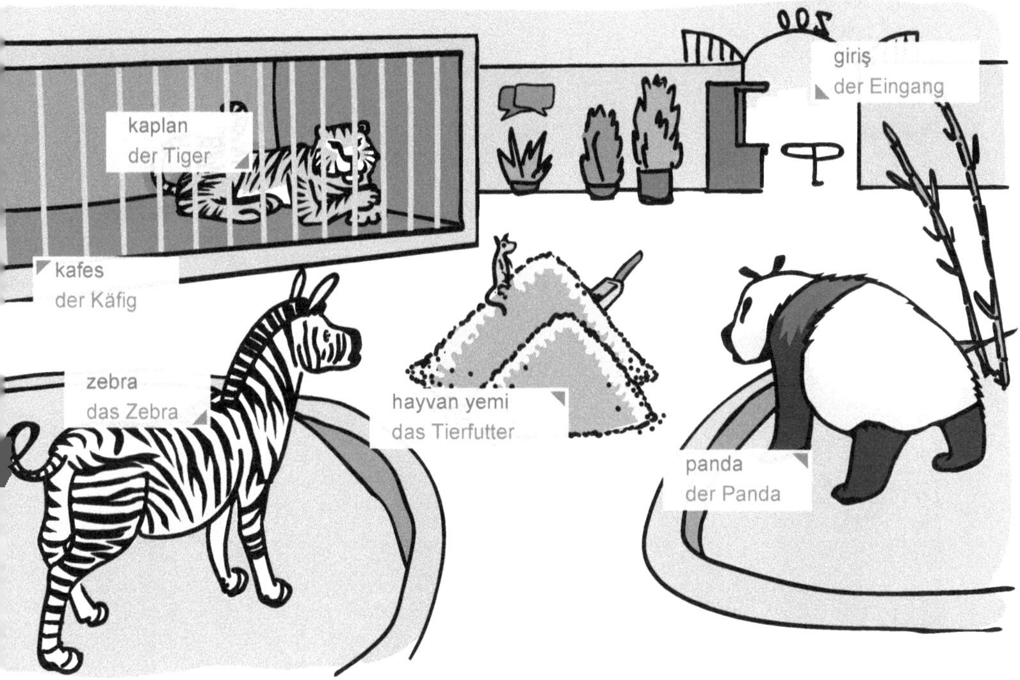
kaplan
der Tiger
kafes
der Käfig
zebra
das Zebra
hayvan yemi
das Tierfutter
giriş
der Eingang
panda
der Panda

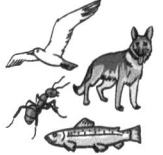

hayvanlar

die Tiere

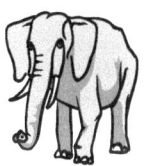

fil

der Elefant

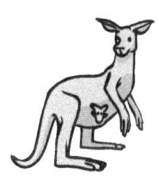

kanguru

das Känguruh

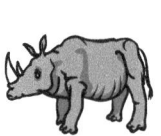

gergedan

das Nashorn

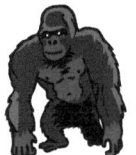

goril

der Gorilla

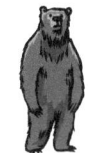

ayı

der Bär

deve

das Kamel

deve kuşu

der Strauß

aslan

der Löwe

maymun

der Affe

flamingo

der Flamingo

papağan

der Papagei

kutup ayısı

der Eisbär

penguen

der Pinguin

köpek balığı

der Hai

tavus kuşu

der Pfau

yılan

die Schlange

timsah

das Krokodil

hayvanat bahçesi görevlisi

der Zoowärter

fok

die Robbe

jaguar

der Jaguar

　　　hayvanat bahçesi - der Zoo

midilli atı

das Pony

leopar

der Leopard

su aygırı

das Nilpferd

zürafa

die Giraffe

kartal

der Adler

yaban domuzu

das Wildschwein

balık

der Fisch

kaplumbağa

die Schildkröte

mors

das Walross

tilki

der Fuchs

ceylan

die Gazelle

amerikan futbolu
das American Football

bisiklete binme
das Radfahren

tenis
das Tennis

basketbol
der Basketball

yüzme
das Schwimmen

boks
das Boxen

buz hokeyi
das Eishockey

futbol
der Fußball

badminton
das Badminton

atletizm
die Leichtathletik

hentbol
der Handball

kayak
das Skilaufen

polo
das Polo

etkinlikler

die Aktivitäten

atlamak
springen
sarılmak
umarmen
gülmek
lachen
yürümek
gehen
söylemek
singen
hayal etmek
träumen
dua etmek
beten
öpmek
küssen

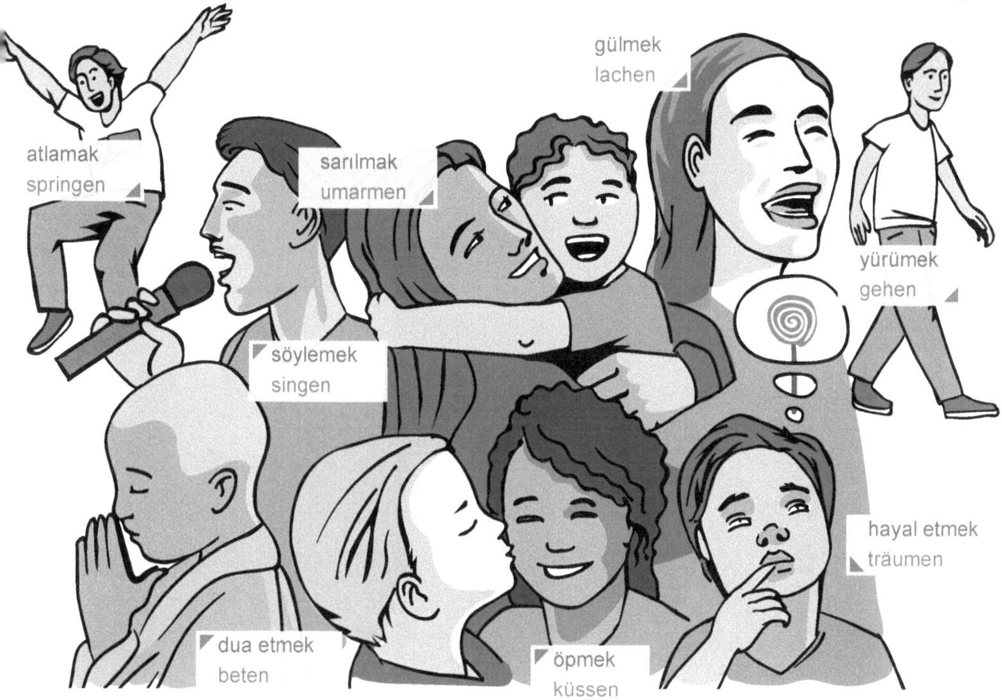

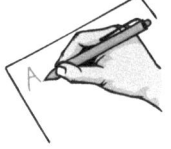

yazmak

schreiben

çizmek

zeichnen

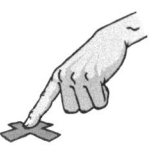

göstermek

zeigen

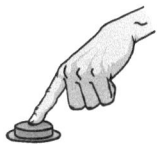

itmek

drücken

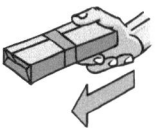

vermek

geben

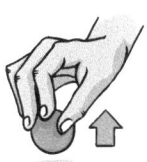

almak

nehmen

sahip olmak

haben

yapmak

tun

olmak

sein

ayakta durmak

stehen

koşmak

laufen

çekmek

ziehen

atmak

werfen

düşmek

fallen

yalan söylemek

liegen

beklemek

warten

taşımak

tragen

oturmak

sitzen

giyinmek

anziehen

uyumak

schlafen

uyanmak

aufwachen

bakmak

ansehen

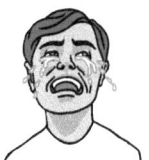

ağlamak

weinen

vurmak

streicheln

taramak

kämmen

konuşmak

reden

anlamak

verstehen

sormak

fragen

dinlemek

hören

içmek

trinken

yemek

essen

düzenlemek

aufräumen

sevmek

lieben

pişirmek

kochen

sürmek

fahren

uçmak

fliegen

denize açılmak

segeln

hesapla

rechnen

okumak

lesen

öğrenmek

lernen

çalışmak

arbeiten

evlenmek

heiraten

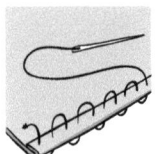

dikmek

nähen

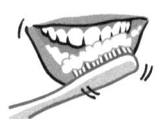

diş fırçalamak

Zähne putzen

öldürmek

töten

sigara içmek

rauchen

yollamak

senden

büyükanne
die Großmutter

büyükbaba
der Großvater

baba
der Vater

anne
die Mutter

bebek
das Baby

kız
die Tochter

oğul
der Sohn

misafir

der Gast

teyze

die Tante

amca

der Onkel

erkek kardeş

der Bruder

kız kardeş

die Schwester

vücut
der Körper

alın
die Stirn
göz
das Auge
omuz
die Schulter
parmak
der Finger
yüz
das Gesicht
çene
das Kinn
el
die Hand
bacak
das Bein
göğüs
die Brust
kol
der Arm

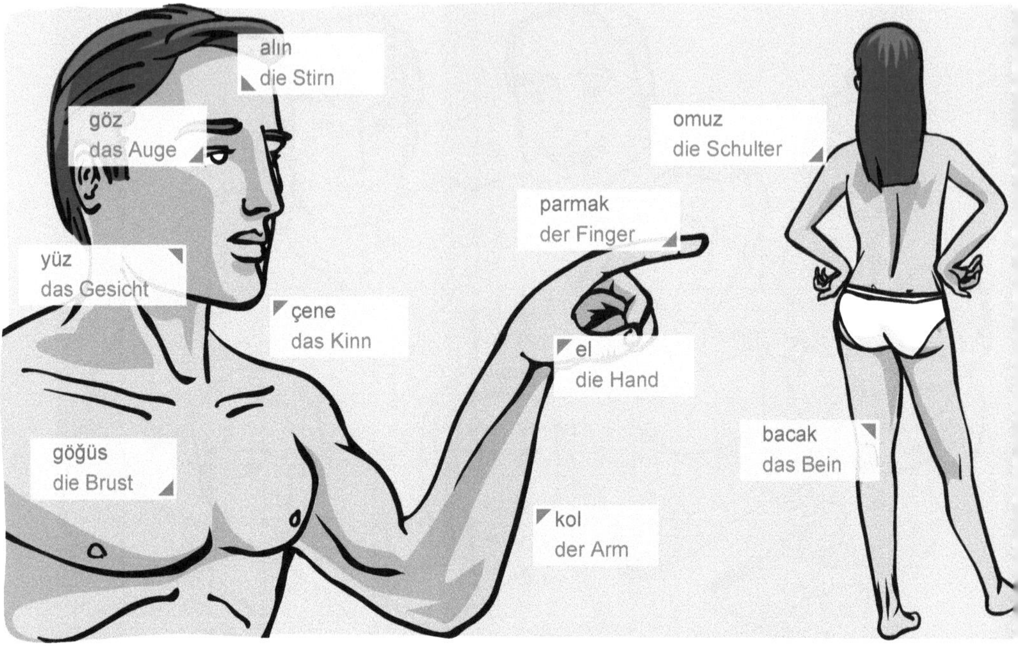

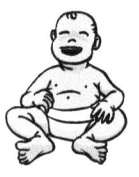

bebek
das Baby

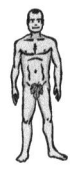

adam
der Mann

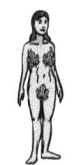

kadın
die Frau

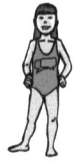

kız
das Mädchen

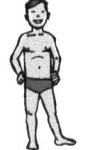

erkek çocuk
der Junge

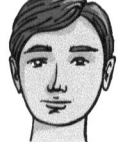

baş
der Kopf

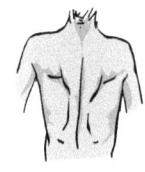

sırt

der Rücken

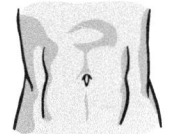

karın

der Bauch

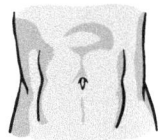

göbek

der Nabel

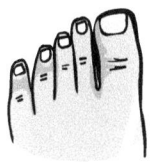

ayak parmağı

der Zeh

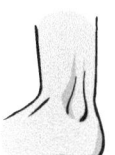

topuk

die Ferse

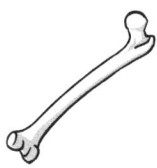

kemik

der Knochen

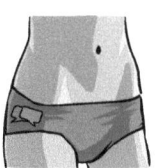

kalça

die Hüfte

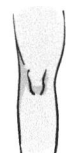

diz

das Knie

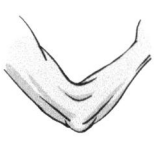

dirsek

der Ellenbogen

burun

die Nase

kalça

das Gesäß

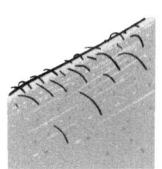

deri

die Haut

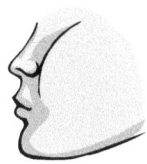

yanak

die Wange

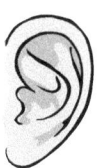

kulak

das Ohr

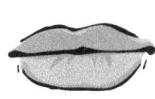

dudak

die Lippe

ağız

der Mund

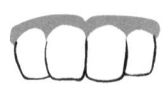

diş

der Zahn

dil

die Zunge

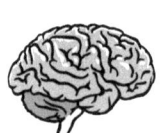

beyin

das Gehirn

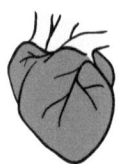

kalp

das Herz

kas

der Muskel

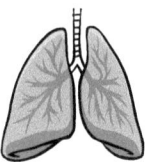

akciğer

die Lunge

karaciğer

die Leber

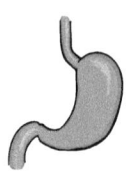

mide

der Magen

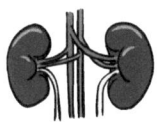

böbrekler

die Nieren

seks

der Geschlechtsverkehr

prezervatif

das Kondom

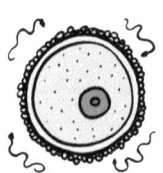

yumurtalık

die Eizelle

sperm

das Sperma

hamilelik

die Schwangerschaft

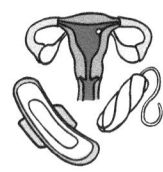

regl

die Menstruation

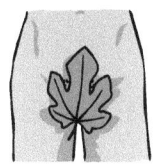

vajina

die Vagina

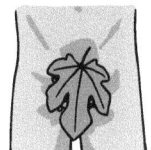

penis

der Penis

kaş

die Augenbraue

saç

das Haar

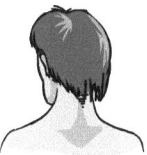

boyun

der Hals

hastane
das Krankenhaus

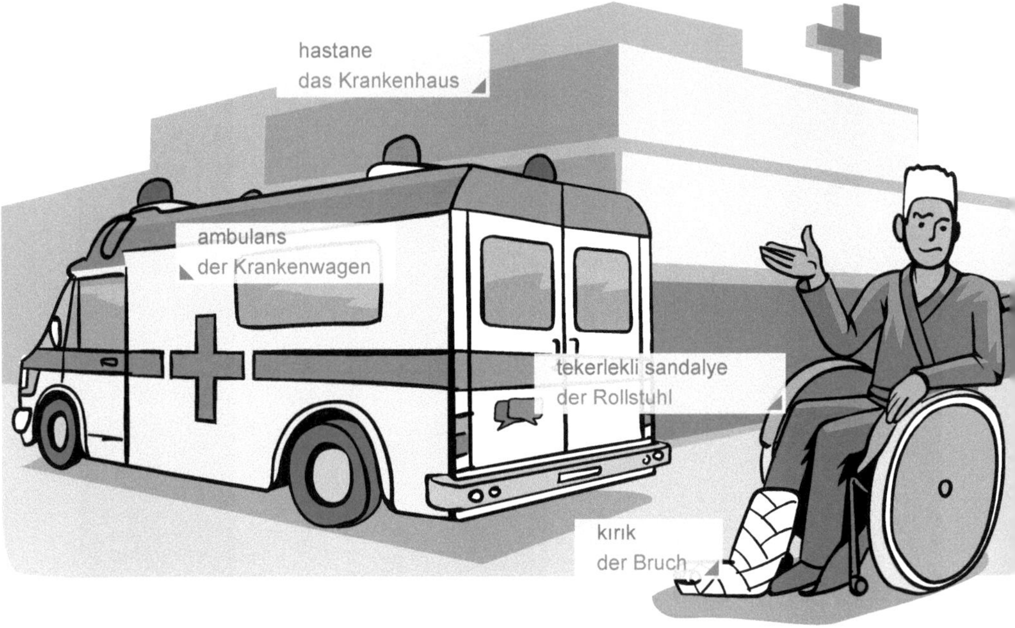

hastane
das Krankenhaus
ambulans
der Krankenwagen
tekerlekli sandalye
der Rollstuhl
kırık
der Bruch

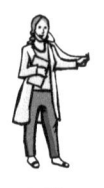

doktor

der Arzt

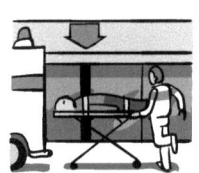

acil servis

die Notaufnahme

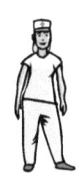

hemşire

die Krankenschwester

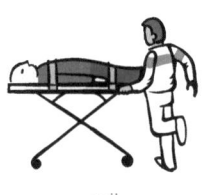

acil

der Notfall

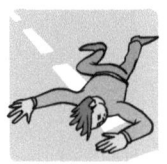

baygın

ohnmächtig

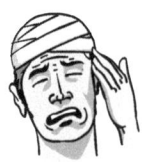

acı

der Schmerz

yaralanma

die Verletzung

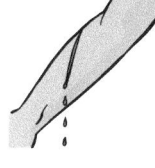

kanama

die Blutung

kalp krizi

der Herzinfarkt

felç

der Schlaganfall

alerji

die Allergie

öksürük

der Husten

ateş

das Fieber

grip

die Grippe

ishal

der Durchfall

baş ağrısı

die Kopfschmerzen

kanser

der Krebs

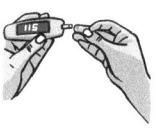

şeker hastalığı

die Diabetis

cerrah

der Chirurg

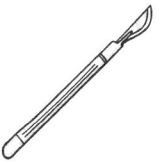

neşter

das Skalpell

operasyon

die Operation

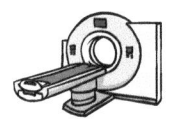

bilgisayarlı tomografi

das CT

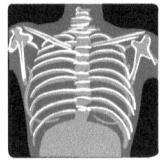

röntgen

das Röntgen

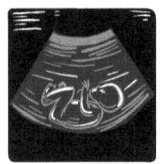

ultrason

das Ultraschall

yüz maskesi

die Maske

hastalık

die Krankheit

bekleme odası

das Wartezimmer

koltuk değneği

die Krücke

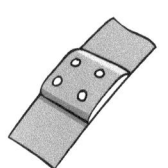

yara bandı

das Pflaster

bandaj

der Verband

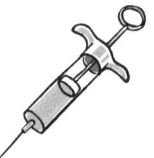

enjeksiyon

die Injektion

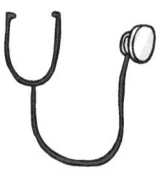

steteskop

das Stethoskop

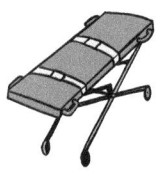

sedye

die Trage

tıbbi termometre

das Thermometer

doğum

die Geburt

fazla kilo

das Übergewicht

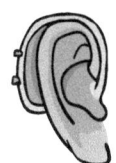

işitme cihazı

das Hörgerät

dezenfektan

das Desinfektionsmittel

enfeksiyon

die Infektion

virüs

das Virus

HIV / AIDS

das HIV / AIDS

ilaç

die Medizin

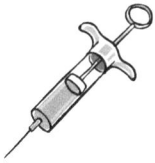

aşı

die Impfung

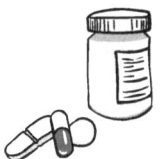

tablet

die Tabletten

hap

die Pille

acil çağrı

der Notruf

tansiyon aleti

das Blutdruck-Messgerät

hasta / sağlıklı

krank / gesund

İmdat!

Hilfe!

alarm

der Alarm

darp

der Überfall

saldırı

der Angriff

tehlike

die Gefahr

acil çıkış

der Notausgang

Yangın!

Feuer!

yangın tüpü

der Feuerlöscher

kaza

der Unfall

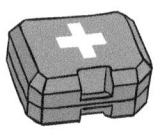

ilk yardım çantası

der Erste-Hilfe-Koffer

imdat

SOS

polis

die Polizei

Avrupa

das Europa

Kuzey Amerika

das Nordamerika

Güney amerika

das Südamerika

Afrika

das Afrika

Asya

das Asien

Avustralya

das Australien

Atlantik

der Atlantik

Pasifik

der Pazifik

Hint Okyanusu

der Indische Ozean

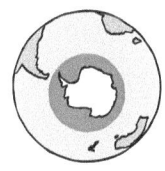

Antarktika Okyanusu

der Antarktische Ozean

Arktik Okyanusu

der Arktische Ozean

Kuzey Kutbu

der Nordpol

Güney Kutbu

der Südpol

Antarktika

die Antarktis

dünya

die Erde

kara

das Land

deniz

das Meer

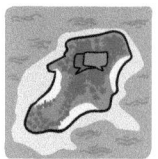

ada

die Insel

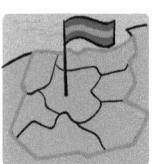

ulus

die Nation

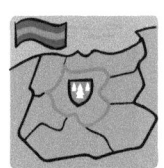

ülke

der Staat

kadran

das Zifferblatt

akrep

der Stundenzeiger

yelkovan

der Minutenzeiger

saniye ibresi

der Sekundenzeiger

Saat kaç?

Wie spät ist es?

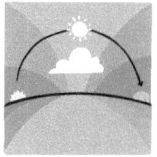

gün

der Tag

zaman

die Zeit

şimdi

jetzt

dijital saat

die Digitaluhr

dakika

die Minute

saat

die Stunde

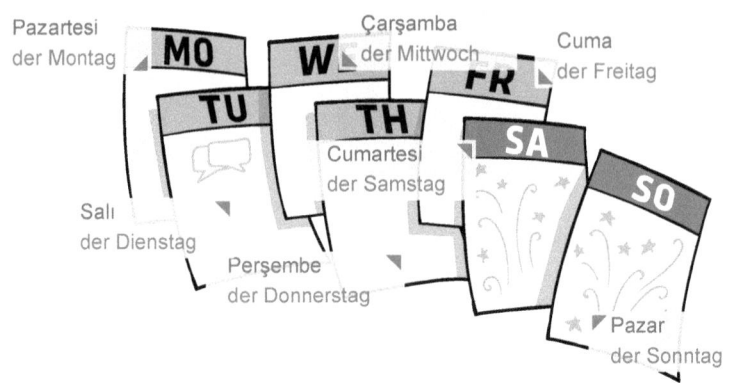

Pazartesi
der Montag

Çarşamba
der Mittwoch

Cuma
der Freitag

Cumartesi
der Samstag

Salı
der Dienstag

Perşembe
der Donnerstag

Pazar
der Sonntag

dün
gestern

bugün
heute

yarın
morgen

sabah
der Morgen

öğle
der Mittag

akşam
der Abend

MO	TU	WE	TH	FR	SA	SU
1	2	3	4	5	6	7
8	9	10	11	12	13	14
15	16	17	18	19	20	21
22	23	24	25	26	27	28
29	30	31	1	2	3	4

iş günleri
die Arbeitstage

MO	TU	WE	TH	FR	SA	SU
1	2	3	4	5	6	7
8	9	10	11	12	13	14
15	16	17	18	19	20	21
22	23	24	25	26	27	28
29	30	31	1	2	3	4

hafta sonu
das Wochenende

yağmur
der Regen

gökkuşağı
der Regenbogen

kara
der Schnee

rüzgar
der Wind

bahar
der Frühling

sonbahar
der Herbst

yaz
der Sommer

kış
der Winter

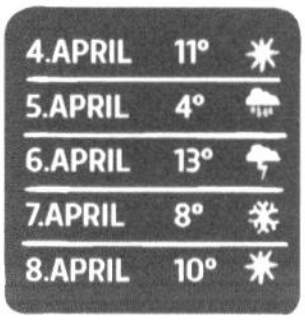

4.APRIL	11°	☀
5.APRIL	4°	☔
6.APRIL	13°	☔
7.APRIL	8°	❄
8.APRIL	10°	❄

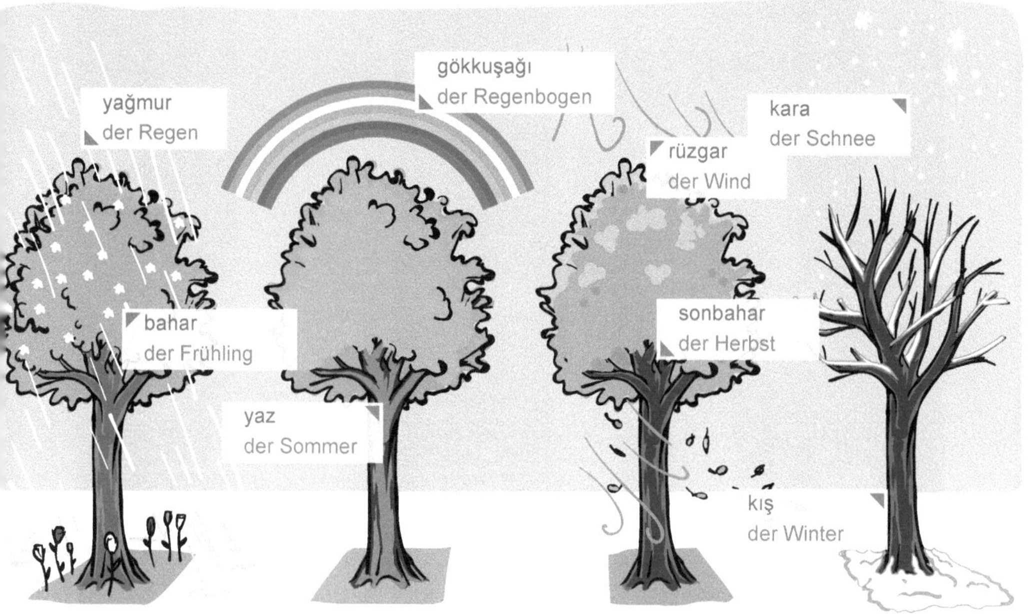

hava durumu tahmini
....
die Wettervorhersage

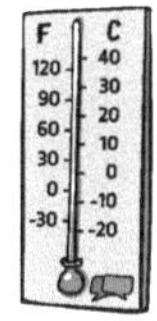

termometre
....
das Thermometer

güneş ışığı
....
der Sonnenschein

bulut
....
die Wolke

sis
....
der Nebel

nem
....
die Luftfeuchtigkeit

şimşek

der Blitz

gök gürültüsü

der Donner

fırtına

der Sturm

dolu

der Hagel

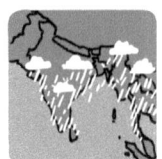

muson

der Monsun

sel

die Flut

buz

das Eis

Ocak

der Januar

Şubat

der Februar

Mart

der März

Nisan

der April

Mayıs

der Mai

Haziran

der Juni

Temmuz

der Juli

Ağustos

der August

yıl - das Jahr

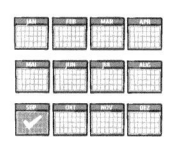

Eylül
....
der September

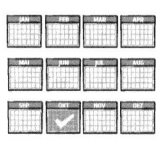

Ekim
....
der Oktober

Kasım
....
der November

Aralık
....
der Dezember

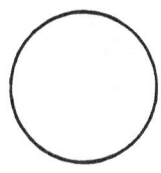

daire
....
der Kreis

kare
....
das Quadrat

dikdörtgen
....
das Rechteck

üçgen
....
das Dreieck

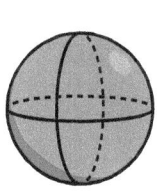

küre
....
die Kugel

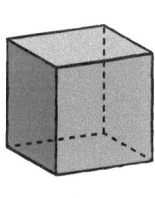

küp
....
der Würfel

beyaz

weiß

sarı

gelb

turuncu

orange

pembe

pink

kırmızı

rot

mor

lila

mavi

blau

yeşil

grün

kahverengi

braun

gri

grau

siyah

schwarz

çok / az
viel / wenig

kızgın / sakin
wütend / friedlich

güzel / çirkin
hübsch / hässlich

başlangıç / son
der Anfang / das Ende

büyük / küçük
groß / klein

parlak / karanlık
hell / dunkel

erkek kardeş / kız kardeş
der Bruder / die Schwester

temiz / kirli
sauber / schmutzig

tamam / eksik
vollständig / unvollständig

gün / gece
der Tag / die Nacht

ölü / canlı
tot / lebendig

geniş / dar
breit / schmal

yenilebilir / yenilemez

geneißbar / ungenießbar

kötü / iyi

böse / freundlich

heyecanlı / sıkılmış

aufgeregt / gelangweilt

şişman / zayıf

dick / dünn

ilk / son

zuerst / zuletzt

dost / düşman

der Freund / der Feind

dolu / boş

voll / leer

sert / yumuşak

hart / weich

ağır / hafif

schwer / leicht

açlık / susuzluk

der Hunger / der Durst

hasta / sağlıklı

krank / gesund

yasa dışı / yasal

illegal / legal

zeki / aptal

intelligent / dumm

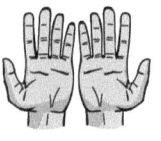

sol / sağ

links / rechts

yakın / uzak

nah / fern

zıt anlamlılar - die Gegenteile

yeni / kullanılmış

neu / gebraucht

hiçbir şey / bir şey

nichts / etwas

yaşlı / genç

alt / jung

açma / kapama

an / aus

açık / kapalı

offen / geschlossen

sessiz / gürültülü

leise / laut

zengin / fakir

reich / arm

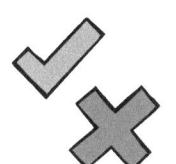

doğru / yanlış

richtig / falsch

pürüzlü / düz

rau / glatt

üzgün / mutlu

traurig / glücklich

kısa / uzun

kurz / lang

yavaş / hızlı

langsam / schnell

ıslak / kuru

nass / trocken

sıcak / serin

warm / kühl

savaş / barış

der Krieg / der Frieden

0

sıfır
null

1

bir
eins

2

iki
zwei

3

üç
drei

4

dört
vier

5

beş
fünf

6

altı
sechs

7

yedi
sieben

8

sekiz
acht

9

dokuz
neun

10

on
zehn

11

on bir
elf

12

on iki

zwölf

13

on üç

dreizehn

14

on dört

vierzehn

15

on beş

fünfzehn

16

on altı

sechzehn

17

on yedi

siebzehn

18

on sekiz

achtzehn

19

on dokuz

neunzehn

20

yirmi

zwanzig

100

yüz

hundert

1.000

bin

tausend

1.000.000

milyon

million

die Sprachen

İngilizce

Englisch

Amerikan İngilizcesi

Amerikanisches Englisch

Çince (Mandarin)

Chinesisch Mandarin

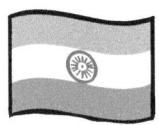

Hintçe

Hindi

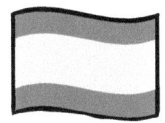

İspanyolca

Spanisch

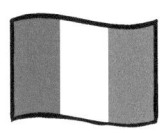

Fransızca

Französisch

Arapça

Arabisch

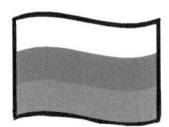

Rusça

Russisch

Portekizce

Portugiesisch

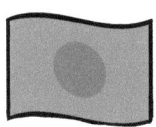

Bengalce

Bengalisch

Almanca

Deutsch

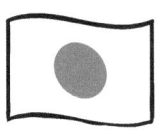

Japonca

Japanisch

ben
ich

sen
du

o
er / sie / es

biz
wir

siz
ihr

onlar
sie

kim?
wer?

ne?
was?

nasıl?
wie?

nerede?
wo?

ne zaman?
wann?

isim
Name

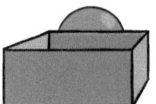

arkasında

hinter

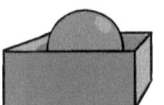

içinde

in

önünde

vor

üzerinde

über

üstünde

auf

altında

unter

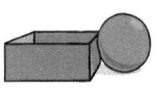

yanında

neben

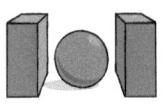

arasında

zwischen

yer

der Ort